역사 인물과 함께하는 **창의적** 체험활동 ③

김정호와 함께 지도 그리기

글 황시원

독후 활동과 창의적 체험활동을 함께 해 보세요!

아울북

여러분은 지금부터 타임머신을 타고
과거로 시간 여행을 떠날 거예요.

시간 여행지에서 역사 속 인물을 만나
그가 어떤 삶을 살았는지 이야기를 들으며
함께 체험 활동을 해 보세요.

준비되었나요? 자, 그럼 출발~!

이번에 만날 위인은 어느 시대에 살았을까요?
1820년, 조선 시대

고조선
~기원전 108년

삼국시대
(고구려, 백제, 신라)
기원전 57~668년

통일신라
668~935년

고려
918~1392년

조선
1392~1910년

안녕!
나는 김정호야!
나와 함께 시간 여행을
떠나 볼까?

차례

김정호는 누구일까요? 6

지도가 말을 건네 왔다 8

지도로 꿈꾸는 세상 18

세상을 보는 눈, 지도 32

나의 첫 전국 지도, 청구도 46

조선의 우수한 지도들 58

사람을 살리는 지도, 사람을 죽이는 지도 70

22첩의 꿈, 대동여지도 84

지도는 아직 살아 숨 쉬고 있다 96

김정호 (1804? ~ 1866년?)는 누구일까요?

김정호는 조선 후기의 대표적 지리학자이며 지도 제작자로 역사에 이름을 남겼다. 호는 고산자(古山子)이며 황해도 출신이다.

김정호는 자신에 대한 글을 거의 남기지 않은데다가 양반 출신도 아니다 보니 언제 태어나고 죽었는지 기록이 정확하게 남아있지 않다. 다만 가정 형편이 어려웠고, 18세나 19세부터 지도와 지리에 관심을 가진 것으로 보인다.

당시에 지도는 권력을 가진 사람들만 가질 수 있었다. 김정호는 나무판에 지도를 새겨서 일상생활에서 지도가 꼭 필요한 일반 사람들도 정확하고 편리한 지도를 가질 수 있도록 힘썼다.

김정호는 〈청구도〉, 〈동여도〉, 〈대동여지도〉 등의 지도를 만들었다. 또한 조선 땅을 제대로 표시한 지도를 만들고자 『동여도지』, 『여도비지』 등의 지리지를 만들었으며, 1866년(고종 3년)까지 『신증동국여지승람』을 보완하기 위한 32권 15책 『대동지지』를 만들다 완성하지 못하고 생을 마감하였다.

김정호의 초상화

지도가 말을 건네 왔다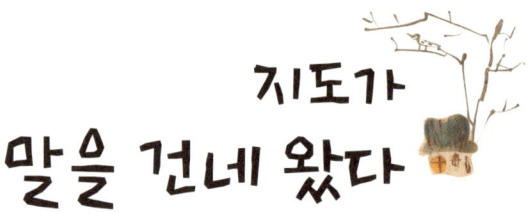

해가 서산으로 기울자, 시원한 바람이 머리카락을 흔들었어.

해가 지는 뒷산의 가파른 등줄기는 서쪽으로 흘러내려가 또 다른 능선과 맞닿아 있어. 도대체 저 산줄기는 어디까지 연결된 걸까? 뒷산 동남쪽으로 완만하게 내려온 산줄기 아래로 마치 우리 마을이 움푹한 그릇에 담겨 있는 것 같아.

'이 길은 어디에서 시작되어서 어디로 이어져 있을까? 저 산줄기는 어디서 벌떡 일어나 어디 가서 주저앉을까?'

나는 궁금한 것이 참 많은 아이야.

아 참, 나부터 소개할게. 내 이름은 김정호. 이곳 황해도 토산에서 태어나고 자랐어. 우리 마을은 여러 산으로 둘러싸여 있어서 난 어릴 적부터 산 너머의 세상이 늘 궁금했어. 그래서 매일 이렇게 집 뒷산에 올라와서 산과 들, 강 건너 마을을 구경하고는 해.

"저, 정호야! 정호야!"

옆집에 사는 개똥이가 다급하게 부르는 소리에 퍼뜩 정신이 들었지 뭐야.

"개똥아, 숨 넘어가겠다. 무슨 일이야?"

"아저씨가, 그러니까 네 아버지가……. 흑흑."

개똥이는 땀에 찌든 소맷자락으로 눈가를 닦으며 주저앉았어.

뒷산 너머로 해가 넘어가 버리자, 시원하던 바람이 어느덧 옷깃을 파고드는 찬바람으로 바뀌고 있었지. 아버지는 내 뺨을 스쳐가는 바람처럼 다시는 돌아오지 않으셨어.

아버지가 돌아가신 것에 대해 마을에는 여러 가지 소문이 돌았어. 잘못 그려진 지도를 따라가다 길을 잃어 얼어 죽었다고도 했고, 산짐승의 공격을 피하다 발을 헛디뎌 낭떠러지에서 떨어졌다고도 했고, 스스로 차가운 겨울 강물에 몸을 던진 것 같다고도 했지. 내 손에 쥐어진 찢겨진 옷자락과 낡아빠진 가죽신은 분명 우리 아버지 것이었어. 아버지가 입고 나가면서 나에게 손을 흔들 때의 그 옷자락이었거든. 내가 알 수 있는 것은 그게 다였어.

그렇게 나는 이 세상에 혼자가 되었단다.

"어미 얼굴도 모르는 정호, 이제 아비도 없이 어찌 살아갈꼬."

동네 아주머니들은 내가 지나갈 때마다 훌쩍였고, 이따금 찬 보리밥이랑 신 김치를 가져다주셨어.

사람들 말이 맞아. 난 태어나서 지금까지 한 번도 엄마 얼굴을 본 적이 없었거든. 아버지는 끝내 말하지 않았지만, 개똥이 엄마 말로는 나를 낳다가 돌아가셨대.

늘 무뚝뚝하고 바쁜 아버지셨지만, 그렇게 갑자기 하늘나라로 가시니까 나 혼자 정말 외로웠어.

나는 하루 종일 초가집에 틀어박혀 있다가 해질 무렵 언덕에 올라가 산 너머의 세상을 상상하고는 했어. 아버지가 다니시던 길을 눈으로 쫓고, 아버지가 넘어가셨던 산등성이를 눈으로 넘고, 아버지가 쓰러지셨을 깊은 산속을 머릿속으로 헤매고 다녔어.

"정호야, 이 지도들은 진짜 귀한 지도들이니 잘 간직해야 한다."

그러다 문득 아버지의 낡은 지도들이 생각났어. 그길로 고꾸라질 듯이 집으로 뛰어 내려갔어. 장롱 깊숙이 넣어 두었던 고운 천에 말린 낡은 지도들이 펼쳐졌어. 우리 동네가 담긴 지도와 〈황해도 군현지도〉, 그리고 또 알 수 없는 지도들이 있었어. 언젠가 보았던 백두산 지도는 없어졌고. 어? 여기 한양 지도도 있어. 한양은 지금의 서울을 말해. 전국의 모든 사람들이 모여들고 임금님이 사시는 궁이 있는 곳이라고 들었어. 그곳에 꼭 가보고 싶었는데, 아버지는

조선 시대의 황해도 지도

매번 혼자만 다녀오셨거든.

'그래 결심했어. 난 이 지도를 가지고 한양에 갈 거야.'

내가 꿈꾸던 저 산 너머의 세상으로 인도해 줄 귀한 지도가 내 손에 있으니 두려울 게 없었지.

현대의 황해도 지도

아버지의 말이 계속 귓가에 맴돌았어.

"지도는 단순히 땅의 모습만 그린 것이 아니야. 이렇게 들여다보고 있으면 지도의 길들이 말을 건넨단다."

그렇게 지도가 나에게 말을 걸어왔어.

창의적 체험 활동

우리나라의 지도는 어떤 모양일까? 한충이라는 사람은 우리나라 지도를 동물 모양으로 그렸어. 너희들은 우리나라가 어떤 동물의 모양으로 보이니?

한충이 그린 지도야.

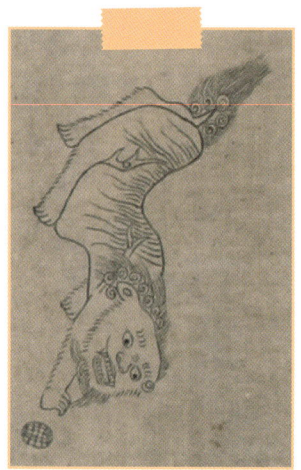

우리나라의 땅 모양을 보고 떠오르는 동물을 그린 뒤 색칠해 보세요.

창의적 체험 활동

내가 살고 있는 동네가 어떻게 생겼고 어떤 것들이 있는지 살펴보자.

※우리 동네에는 산과 강, 들판이 있나요?

※우리 동네에 있는 주요 건물을 소개해 보세요.

※우리 동네에는 어떤 교통수단이 있나요?(버스, 지하철 등)

우리 동네를 그림으로 그려 보세요. 주변 환경이 어떤지 그리고, 어떤 건물들이 있는지 그려 보세요.

※우리 집을 중심으로 우리 동네를 그려 보세요.

지도로 꿈꾸는 세상

"김정호, 너 또 뭐하는 거야?"

"쉿! 잘 들어봐. 지도가 말을 하잖아."

"싱겁기는……. 지도가 어떻게 말을 하냐?"

"쟤가 저러는 거, 하루 이틀도 아닌데, 뭐."

"뭐야, 김정호! 또 지도에 코를 박고 있는 거야?"

"우하하~."

서당 친구들이 또 나를 놀리고 있어.

서당에는 훈장 선생님이 가지고 계신 지도가 한 장 걸려 있어. 우리나라를 그린 지도라는데, 아주 귀한 것이란다.

나는 지도를 보는 게 참말로 좋아. 이렇게 지도를 보고 있노라면 시간 가는 줄 모르거든. 물이 난 길이며, 산이 난 길이며, 구불구불 이어진 지도의 길들을 눈으로 살피다 보면 꼭 여행을 하는 것 같아. 하지만 사실 내가 가 본 곳은 아버지 따라 돌아본 황해도가 전부인걸.

어려서부터 나는 아버지로부터 지도 읽는 법을 배웠어.

"사람들은 지도가 그림이라서 본다고 생각하기 쉽지. 그런데, 정호야. 지도는 보는 게 아니라 읽는 거란다. 가만히 들여다보렴. 이 그림들과 기호들은 수많은 이야기와 글을 담고 있단다. 잘 읽어 보려무나."

이렇게 지도를 보고 있노라면 내 몸은 가벼워져. 발은 어느새 새로운 길을 걷고, 눈앞에 새로운 땅이 펼쳐지고, 새로운 산이 우뚝 서지. 마치 새로운 세상이 나를 반기는 것 같아. 그런데, 친구들은 내가 지도에 미쳤다고 비웃으며 놀려대기 일쑤야.

"나도 들리는데!"

그때였어. 말끔한 청색 도포[1] 자락을 흩날리며 서당문을 들어서던 도령이 말했어.

"지도는 기호로 말을 걸고 있는데 너희들은 아직 못 들었구나. 글만 읽을 줄 알면 뭐 하냐, 정호처럼 지도를 읽을 줄 알아야 큰 세상으로 나가지."

역시 최한기는 내 친구야. 한기의 칭찬에 나를 놀리던 친구들이 입을 비죽거렸어. 내 입꼬리는 슬며시 올라가 귀에 걸렸지.

한기는 양반이라 나와 신분이 달라. 그런데도 나와 가장 친한 친구란다. 내가 살던 시대에는 신분에 따라 다른 대우를 받았어. 그러니까 양반이 나같은 평민이랑 친구가 되는 것은 꿈도 못 꿀 일이었지.

그런데도 한기는 평생 나를 친구로 대해 주었고, 지도를 만드는 데 가장 많은 도움을 주었어.

---

1) 도포 : 조선 시대에 선비들이 입던 남자의 겉옷. 주로 외출복으로 입었으며 소매가 넓었어요.

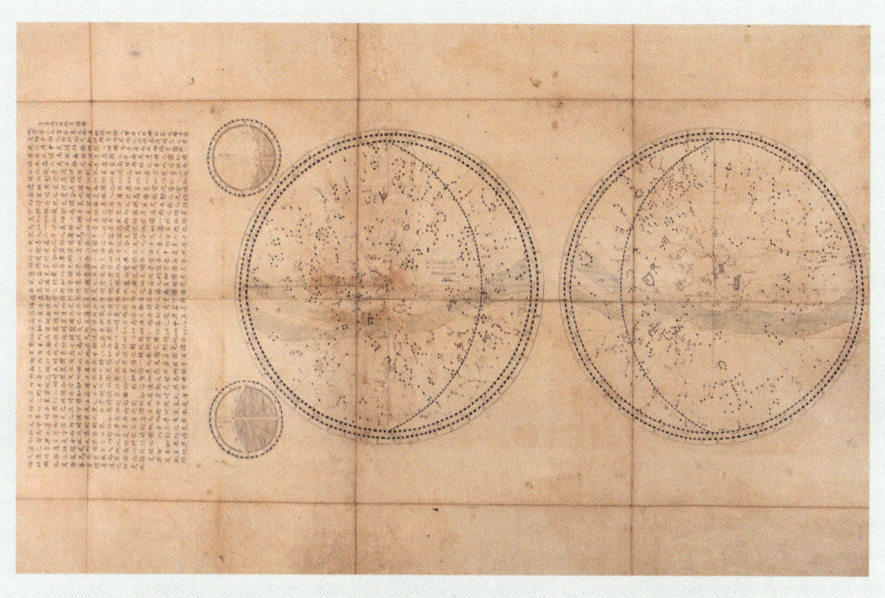

『곤여도』에 실린 천문도.
9권의 책으로 이루어졌으며, 천문도·세계 지도·중국 지도를 담고 있어요.

한기는 정말 다양한 것에 관심이 많고, 새로운 세상에 대한 지식이 많아. 특히 하늘에 떠 있는 태양과 달, 별에 관심이 아주 많아서 그에 대한 지식을 나에게 가르쳐 주곤 하지. 그리고 이 모든 것들이 살아 움직여 하늘에도 길이 있다고 내게 알려 주었단다.

최한기가 만든 것으로 추측되는 지구의

 지금으로 말하면 한기는 천문학에 아주 관심이 많았던 것 같아.
 천문학이란 말을 들어본 적이 있니? 말 그대로 하늘에 관해 연구하는 학문이야. 하늘에 있는 태양과 달, 별 등 우주에서 일어나는 현상들을 연구하는 거지.

조선 최초의 세계 지리지이자 세계 지도첩인 『지구전요』

　실제로 한기는 어른이 되어서 훌륭한 학자가 되었단다. 조선에서 처음으로 지구의 공전[2]을 주장하기도 했어.
　여러분은 내 친구 최한기의 이름을 잘 못 들어봤을 거야.

---

2) 공전 : 지구가 태양의 둘레를 일정한 주기로 도는 것

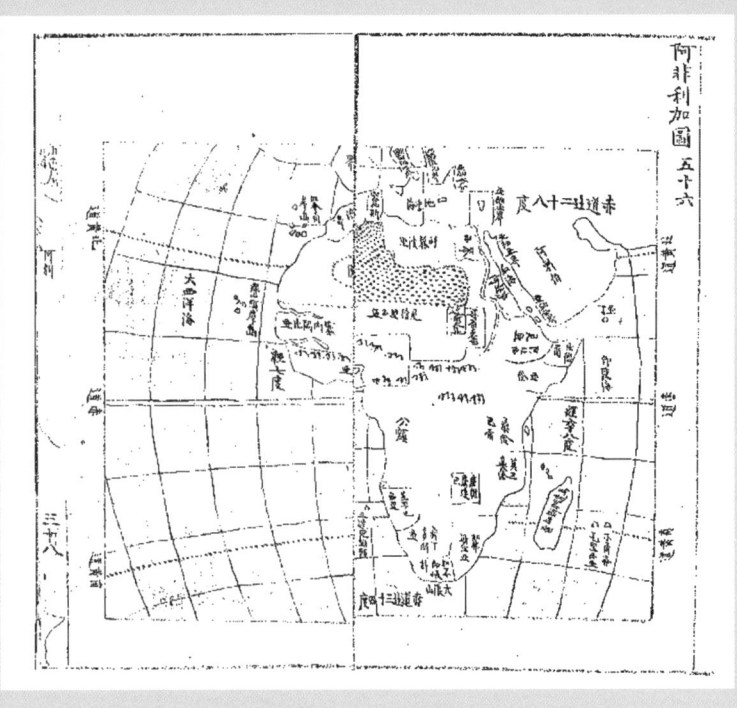

『지구전요』 권13에 수록된 '제국도(諸國圖)' 중 아프리카 전도

하지만 기록을 찾아보면 한기는 천문, 지리, 농학, 의학, 수학 등의 분야에서 훌륭한 학자로 활동했어. 약 1천여 권의 책을 쓰기도 했고. 정말 대단하지? 그 뿐만이 아니야. 한기는 조선 시대 사람으로는 드물게 우리나라를 비롯한 동

양의 학문은 물론 서양의 학문까지 두루두루 잘 알고 있단다. 특히 지리학에 관심이 많아서 우리나라 최초의 세계 지리지와 세계 지도첩인 『지구전요』라는 책을 썼고, 나와 함께 〈지구전후도〉라는 세계 지도를 만들기도 했단다.

지도와 지리학은 우리가 사는 이 땅과 세계, 우주를 이해하는 가장 중요한 학문이야.

그런데 너희들, 지도가 뭔지 아니?

지도는 위에서 내려다본 실제 땅의 모습을 일정하게 줄여서 나타낸 그림이야. 지도를 이용하면 우리 집이나 우리 마을의 위치는 물론 마을에 있는 여러 장소와 건물들을 쉽게 찾아갈 수 있어.

요즘 너희들이 살고 있는 세상에는 참 많은 지도가 있다며? 휴대 전화나 내비게이션을 통해 자신이 가고 싶은 곳의 위치도 확인할 수 있고, 가는 길까지 찾아 준다지? 정말 세상 많이 좋아졌구나.

아빠 엄마의 차 안에서 길을 알려 주는 내비게이션도, 버스, 지하철 노선표도 모두 지도란다.

내비게이션 지도

　그 밖에도 약도, 학교 안내도, 인구 지도, 보물 지도, 항공 지도 등 지도의 종류는 아주 다양해.
　이렇게 현대에는 지도가 매우 흔하지만 내가 살던 조선 시대에는 엄청 귀한 것이었어. 양반들이나 나랏일을 하시는 분들만 볼 수 있었거든.
　내가 지도에 관심이 많은 것을 알고 한기는 귀한 지도들을 볼 수 있도록 해 주었어. 친척 댁에 있는 군현지도부터,

한양에서 가져온 진귀한 세계 지도도 보았지. 얼마나 신기했는지 몰라. 이 세상에 우리나라보다 더 큰 나라들이 얼마나 많은지. 또 중국이나 일본보다 더 먼 나라들이 얼마나 많은지 한눈에 다 들어오지도 않더라고.

가끔 이양선[3] 몰고 오는 눈이 파랗고 코가 큰 서양인들의 이야기는 들었지만, 그들이 사는 세상은 처음 보는 거였어.

그때부터였던 것 같아. 난 지도꾼이 되기로 마음먹었어. 내가 만든 지도만 있으면 어느 곳이든 정확히 찾아갈 수 있는 그런 지도를 만들어야겠다고.

"나는 우리가 갈 수 있는 모든 땅을 그릴 거야."

"나는 우리가 볼 수 있는 모든 하늘을 그릴 거야."

"그럼 나는 우리가 갈 수 없는 저 바다 건너 이 세상의 끝까지 그릴 거야."

---

3) 이양선 : 모양이 다른 배라는 뜻으로, 조선 시대에서는 주로 외국의 쇠로 만든 배를 이르는 데에 쓰였어요.

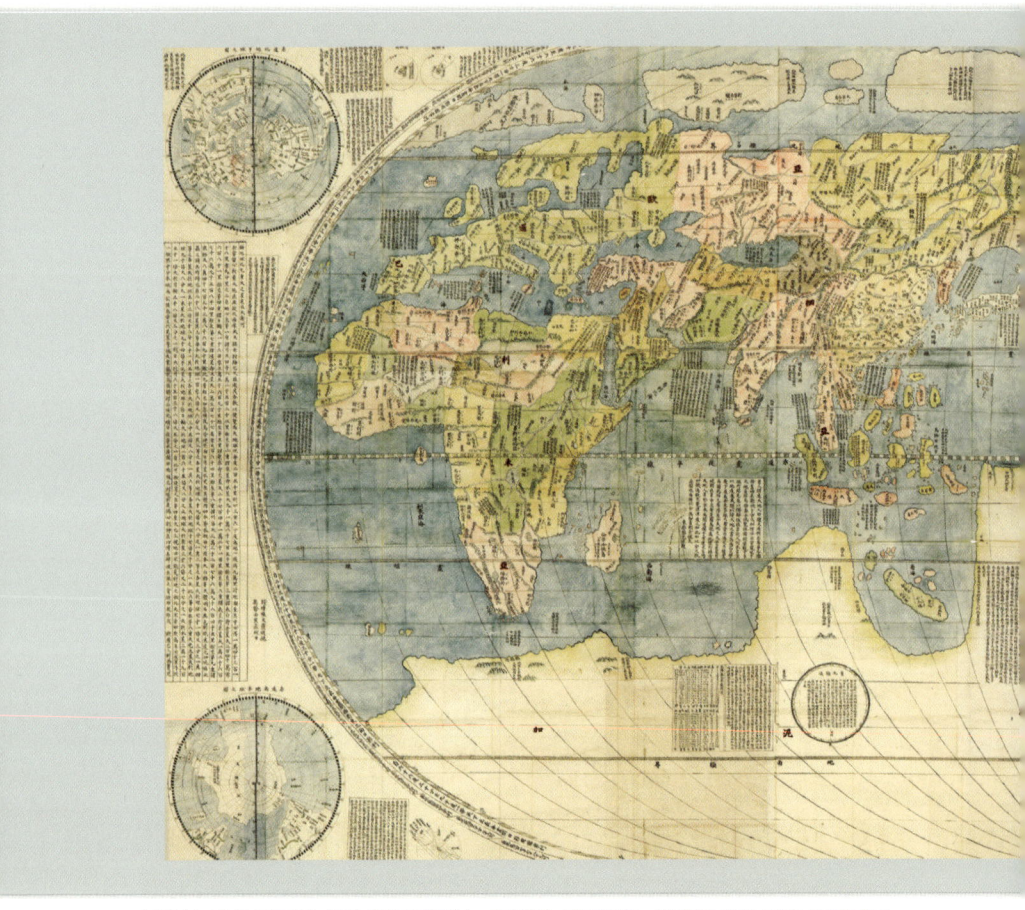

서구식 세계 지도인 〈곤여만국전도〉는 유럽과 아프리카, 신대륙까지 담은 방대하고 둥근 지도의 모습으로 조선의 지식인들에게 큰 영향과 충격을 주었어요.

"그럼 나는 우리가 볼 수 없는 하늘 너머의 저편도 그릴 거야."

한기와 나는 우리가 사는 조선의 땅과 하늘은 물론 눈

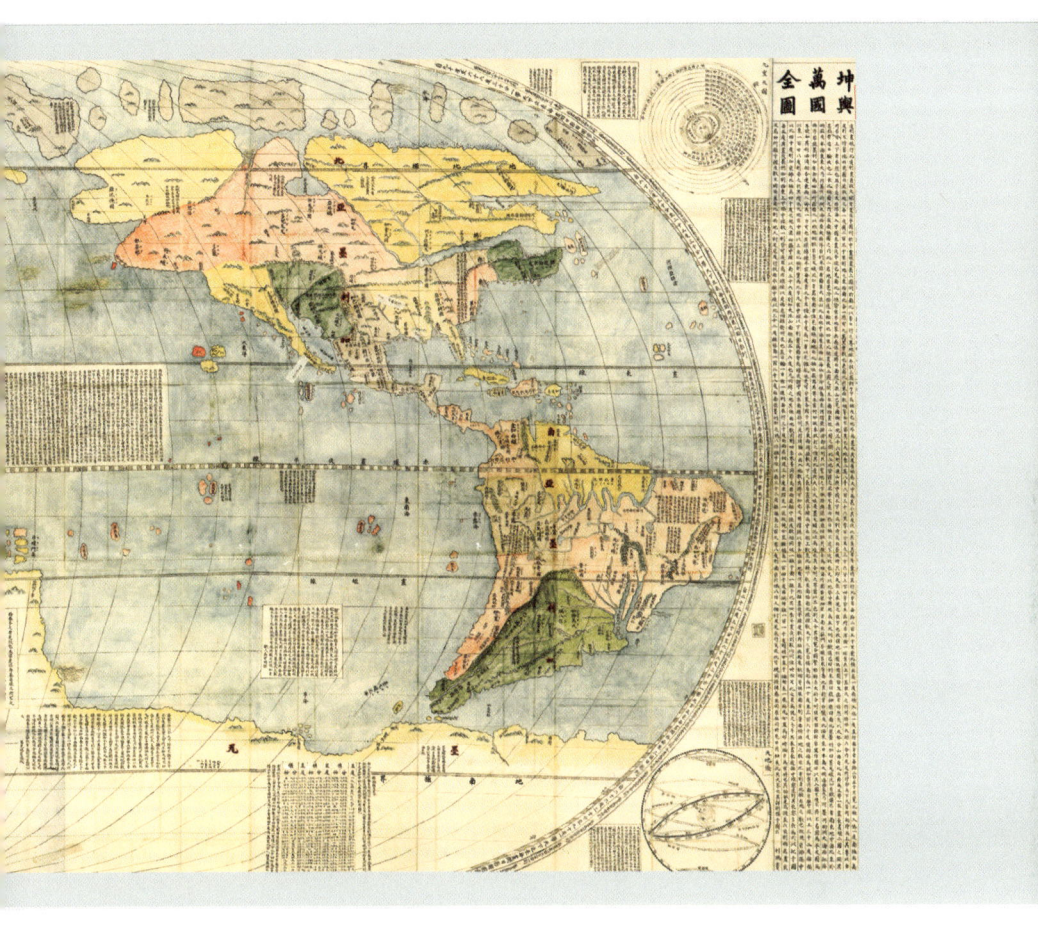

이 파랗고 코가 높은 서양인들의 땅과 하늘, 그리고 그 너머 우리가 알지 못하는 곳까지 모두 그리기로 약속했지. 지금으로 따지면 우주 만물의 지도를 꿈꾸었던 거야.

창의적 체험 활동

지도 기호는 지도에 그려진 것들이 무엇인지 한눈에 알아볼 수 있게 해 주고 또 지도를 그리기 쉽게 만들어 준단다.

※지도에 사용하는 여러 가지 기호들이에요.

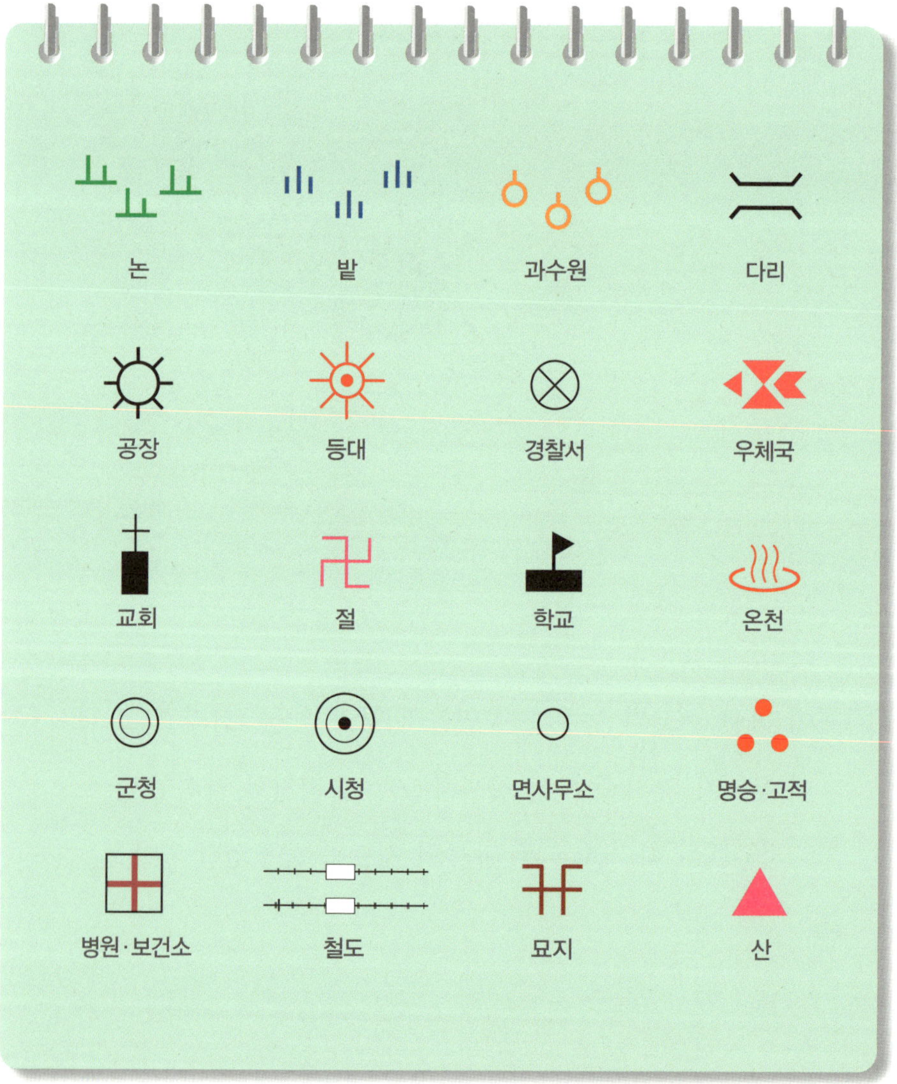

논	밭	과수원	다리
공장	등대	경찰서	우체국
교회	절	학교	온천
군청	시청	면사무소	명승·고적
병원·보건소	철도	묘지	산

사진을 보고 알맞은 지도 기호를 오른쪽 상자에 그려 주세요.

학교

병원

경찰서

세상을 보는 눈, 지도

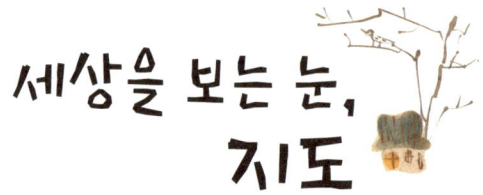

"**여보시오.** 정신을 차려 보시오."

누군가 내 뺨을 때리고 있었어.

잘 기억나지 않지만 한양에 막 도착해서 서대문을 본 같은데, 그 이후로는 기억이 잘 나지 않아. 하늘에서는 장대비가 쏟아지고 있었어. 얼핏 도성으로 들어가는 문을 봤었던 것도 같아.

잠시 정신을 차렸을 때에는 근엄하게 생긴 한 얼굴이 눈에 들어왔어.

"이보게, 정신이 드는가?"

"지, 지도가 젖지 않게……."

제대로 된 지도를 만들고 싶어서 고향을 떠나 무작정 한양으로 오던 길이었어. 몇 날 며칠을 제대로 못 먹고 걷다가 굵은 비까지 흠뻑 맞은 터라 한순간 몸이 비틀거렸어. 그러고는 나도 모르게 푹 쓰러진 것 같아. 귓가에 사람들의 말소리가 들렸어.

"초여름이라지만 장맛비를 죄다 맞았으니 몸에 어찌 견딜꼬. 젊은 사람이 안 됐구만. 쯧쯧."

"어르신, 어서 가시지요. 비가……."

"어찌 쓰러진 사람을 그냥 두고 간단 말인가? 어서 이 사람을 우리 집으로 데려가세."

"아니, 어르신. 어찌 모르는 사람을……."

"어허, 그럼 쓰러진 사람을 그냥 모른 척하란 말인가?"

내가 다시 눈을 떴을 때에는 따끈한 아랫목의 열기가 내 몸을 감싸 안고 있었어. 이불은 부드럽게 보송거렸고,

호롱불[4]의 불빛이 잘 정리된 방안을 따뜻하게 비추고 있었어.

"이보시오, 이제 정신이 좀 드시오?"

인상 좋은 아저씨가 새끼줄을 꼬다가 내 곁으로 다가왔어.

"어서 죽부터 드시오. 이틀 내내 잠만 자다니, 엄청 고단했던 모양이오."

"여기는 어디입니까?"

"기억 안 나시오? 우리 주인어른이 서대문 앞에서 쓰러져 있던 당신을 데리고 왔소."

"아……."

"의원도 불러 주시고, 잘 보살펴 주라고 신신당부도 하셨는데……."

"제 지도는?"

"아, 이거 말이오? 정신을 잃고 업혀 오면서도 이건 꼭

---

[4] 호롱불 : 기름을 담아 불을 켜는 데에 쓰는 사기나 유리 그릇. 아래에는 기름을 담을 수 있도록 둥글게 하고 위 뚜껑에는 작은 구멍을 통해 심지를 박아 불을 켰어요.

쥐고 있길래 잘 보관해 두었지."

다행히 내 지도들은 무사했어.

쓰러져 있던 나를 도와준 분은 바로 신헌 장군이었어. 신헌 장군은 무관⁵⁾이지만, 나중에 흥선 대원군 시절에 병조판서라는 높은 벼슬을 할 정도로 학문적인 지식도 뛰어난 분이야. 훗날 권율 장군을 기리기 위해 지은 행주서원의 현판을 쓸 정도로 글씨와 문장에도 뛰어났던 분이란다.

신헌 장군은 내가 지도꾼이라는 것을 알고, 내 평생 많은 관심과 도움을 주신 분이야.

신헌 장군은 나라를 지키는 장군이었기 때문에 특히 정확하고 완벽한 지도가 꼭 필요하다고 느꼈기 때문이란다. 정확하지 않은 지도는 전쟁에서 많은 군사들을 잃게 만드니까 말이야.

내가 살던 조선 후기에는 왜구나 오랑캐뿐 아니라, 서양의 많은 나라들이 여러 목적으로 우리나라를 쳐들어오려고

---

5) 무관 : 군사 일을 맡아보는 관리

신헌 장군의 초상

호시탐탐 기회를 엿보고 있을 때였어.

나는 신헌 장군을 보자마자, 내 지도 인생에 많은 도움이 될 거라는 확신이 들었어.

"자네 이름이 뭔가?"

"고산자입니다."

"고산자라……. 보아하니 지도들을 가지고 있던데……."

"네. 저는 지도꾼입니다."

나는 언젠가부터 나를 고산자라고 불렀어. 옛 고(古), 산 산(山), 아들 자(子). 옛 산의 아들이라는 뜻이지. 옛날부터 지금까지 그 자리에 우뚝 서 있는 산의 우직함을 닮고 싶은 나의 바람을 담은 호랄까?

나는 신헌 장군에게 그동안 내가 만든 지도를 보여 드렸어. 내가 직접 발로 걸어 다니며 보고 확인한 지도에서부터 귀한 여러 지도들을 연구해서 새로 만든 지도까지. 신헌 장군은 친구 최한기와 함께 만든 서양식 세계 지도인 〈지구전후도〉를 보고는 깜짝 놀랐어.

"지구전후도! 전에 이 지도를 본 적이 있네. 이 지도를

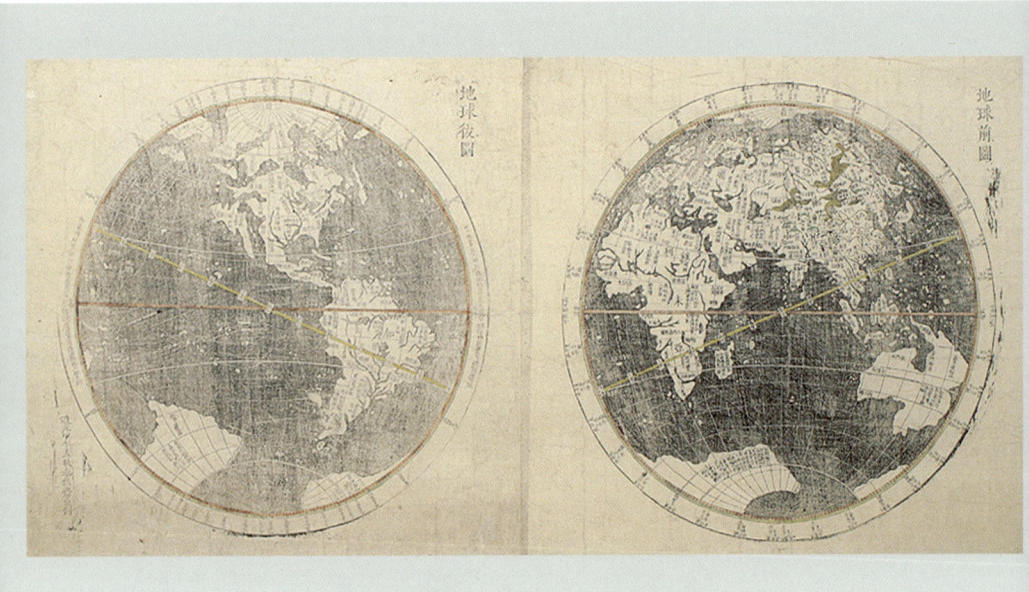

최한기와 김정호가 함께 만든 〈지구전후도〉

만든 게 바로 자네구먼."

"네. 친구 최한기와 함께 만든 것입니다. 저 혼자서는 어림없었지요."

"하하. 내가 그 유명한 지도꾼 고산자를 만나게 되었어."

"부끄럽습니다. 저는 그저 최한기의 부탁으로 중국의 〈지구전후도〉를 나무판에 새긴 것뿐입니다."

"아니요. 나는 두 지도를 다 보았는데, 고산자가 만든 것이 더 창의적이었소. 이 세상을 다른 눈으로 볼 수 있는 훌륭한 지도였소."

신헌 장군은 내 지도에 큰 관심을 보였어.

"고산자, 나와 지도를 만들어 보지 않겠나?"

"장군님, 진심으로 하는 말씀이십니까?"

"물론이네. 나는 일찍이 우리나라 지도에 깊은 관심이 있었다네. 비변사나 규장각에 소장되어 있는 지도나 오래된 가문에 좀먹은 지도들을 수집했고, 언젠가 여러 지도를 서로 비교하고 여러 지리지를 참고하여 하나의 완벽한 지도를 만들고 싶었다네."

신헌 장군이 말에 나는 가슴속에서 울컥 뜨거운 것이 올라왔어. 나를 인정해 주는 사람, 나를 믿어 주는 사람이 생긴다는 것이 얼마나 든든한지, 새로운 꿈을 꾸게 되었지.

이후로 신헌 장군은 나의 든든한 후원자[6]가 되어 주셨지.

---

6) 후원자 : 뒤에서 도와주는 사람

창덕궁에 위치한 규장각은 국립 도서관이자, 학문을 연구하는 기관이었어요.

〈곤여전도〉
중국이 세계의 중심이라는 가치관이 무너지고 있음을 알 수 있어요.

당시 우리나라 지도학의 가장 중요하고 뛰어난 자료들은 최고의 관리들이 모두 모여 나랏일을 의논하던 비변사 또는 국립 도서관인 규장각에 있었어. 당연히 아무나 볼 수 없었지. 그 당시에 지도는 국가의 비밀자료들이어서 높은 벼슬을 하는 분들만 볼 수 있었거든.

 신헌 장군이 이 귀한 지도들을 빌려다가 볼 수 있게 해 주셨어. 나는 이것들을 분석하고 참고하여 나만의 독창적인 지도로 발전시킬 수 있었던 거야.

창의적 체험 활동

지도의 종류는 크게 일반도와 주제도로 나눌 수 있어. 일반도는 산, 강, 마을, 도로 등을 그린 지형도가 대표적이고, 주제도는 목적에 따라 주제를 정해 그린 지도야.

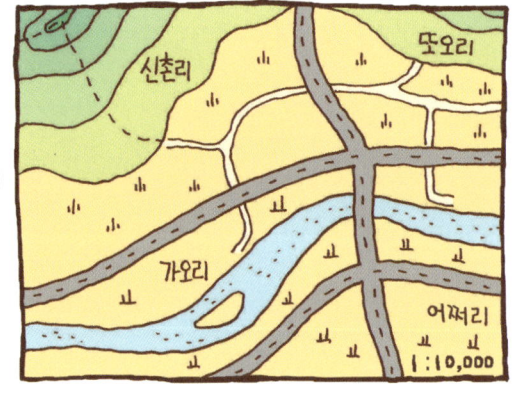

지형도는 어떤 지역의 땅 모양과 그곳 사람들의 생활 모습을 알 수 있는 지도야.

주제도는 도로 교통도, 맛집 지도, 관광지도 등 주제에 따라 그린 지도야.

나만의 지도를 그려 봐요. 내 친구들이 어디 사는지 알려 주는 지도를 만들어 볼까요?

창의적 체험 활동

나는 나무판에 지도를 새겨서 찍어 냈어.
너도 지우개에 집을 새겨서 찍어 봐.

우리 집의 모양을 단순하게 만들어서 지우개에 새겨 보세요. 지우개 도장을 완성한 뒤 물감을 묻혀서 왼쪽 지도에 우리 집 위치를 찾아 찍어 보세요. 왼쪽 지도에서 우리 집 위치를 찾으려면 먼저 주소를 정확히 알고 있어야겠지요?

지우개 도장 만들기

재료 : 지우개, 조각칼, 물감

① 지우개를 준비해요.
② 조각칼로 집 모양을 새겨요.
③ 물감을 묻힌 뒤 꾹 찍어요.

※우리 집 주소를 써 보세요.

....

....

....

지도에 우리 집이 있는 시, 도의 위치를 찾아 지우개 도장을 찍어 보세요.

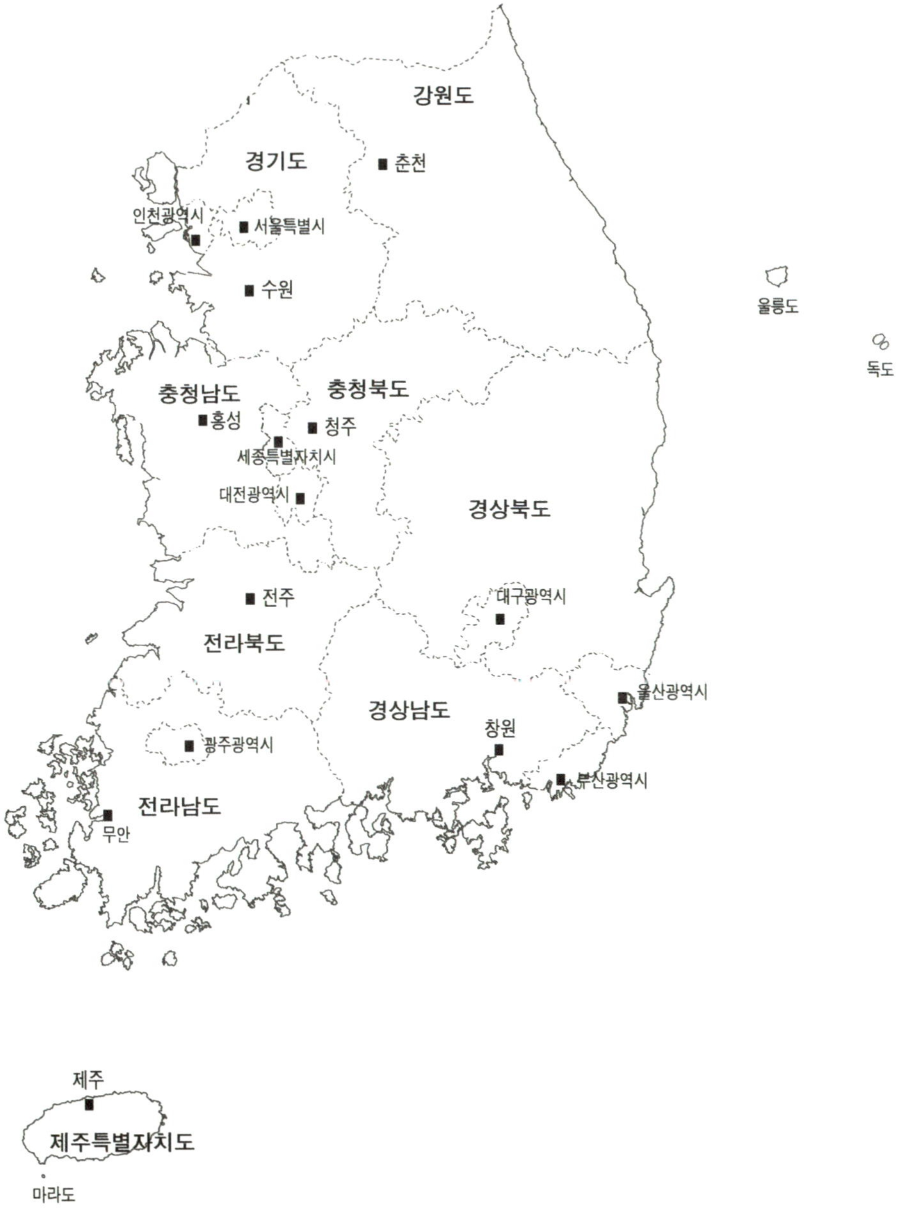

- 강원도
  - ■ 춘천
- 경기도
  - ■ 인천광역시
  - ■ 서울특별시
  - ■ 수원
- 충청남도
  - ■ 홍성
- 충청북도
  - ■ 청주
  - ■ 세종특별자치시
  - ■ 대전광역시
- 경상북도
  - ■ 대구광역시
  - 울릉도
  - 독도
- 전라북도
  - ■ 전주
- 경상남도
  - ■ 창원
  - ■ 울산광역시
  - ■ 부산광역시
- 전라남도
  - ■ 광주광역시
  - ■ 무안
- 제주특별자치도
  - 제주
  - 마라도

나의 첫 전국 지도, 청구도

"**드디어** 전국 지도를 다 그렸다!"

목에서 울컥 뜨거운 것이 올라왔어. 곧 두 뺨에는 뜨끈한 눈물이 흘러내렸지.

내 나이도 어느덧 삼십 대가 되었단다. 드디어 나의 첫 번째 전국 지도가 완성되었어. 그 이름은 바로 〈청구도(青邱圖)〉. '청구'는 말 그대로 푸른 언덕이란 뜻이야.

옛날에 중국이 우리나라를 청구라고 불렀거든. '도'는 지

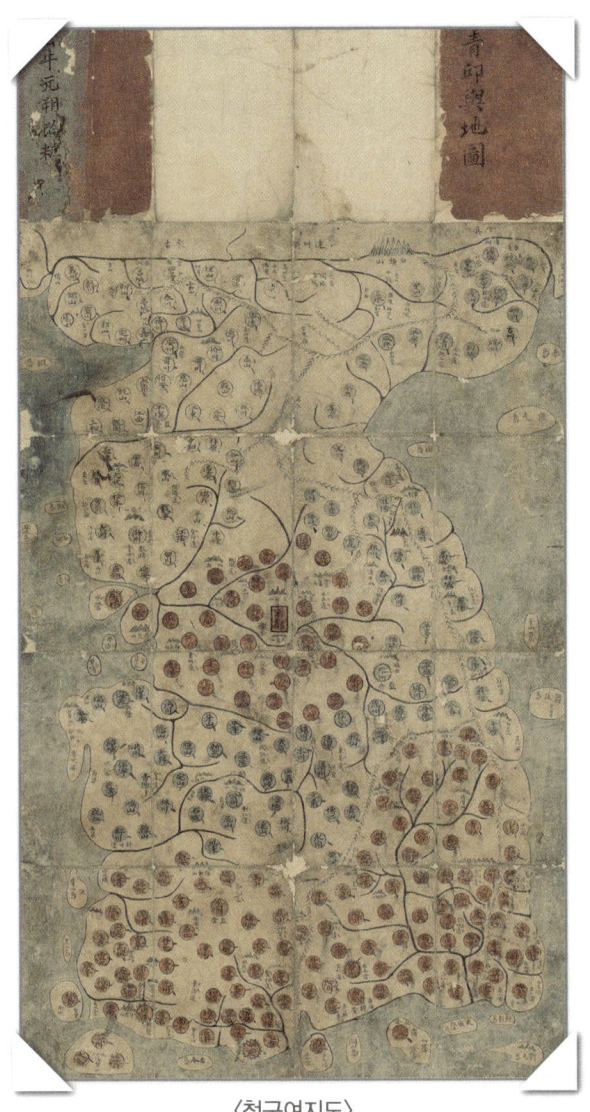

〈청구여지도〉
조선 시대에 전국 팔도를 그린 이 지도는
김정호의 〈청구도〉와 달리 축척 없이 그려졌어요.

도라는 뜻인 것 알지?

그러니까 〈청구도〉는 우리나라 지도라는 말이란다.

〈청구도〉는 '건', '곤'이라는 두 권의 책으로 만들었어. 이 두 책을 위아래로 연결하면 전국 지도가 된단다. 전국을 남북 29층으로 나누고, 동쪽과 서쪽을 22판으로 구분해서 만들었어.

지도 옆에 모눈 눈금을 그려 넣어 그 면적도 알 수 있게 만들었지. 지도 한 면의 크기는 남북 100리, 동서로는 70리야. 홀수층은 1책에, 짝수층은 2책에 담아서 두 권을 위아래로 붙여서 펼치면 짜잔! 인접한 두 층의 지도를 한꺼번에 볼 수 있단다. 어때, 멋지지?

〈청구도〉는 예전의 지도와는 완전 달라. 새로운 시도들을 많이 했거든.

그동안 여러 지도와 지리지를 연구하면서 기존의 지도에 많은 문제점이 있다는 것을 알았어. 물론 훌륭한 지도들도 많았지만, 이미 만들어진 지도들의 장점은 모으고, 단점들의 문제를 해결하는 방법을 찾는 것이 나의 목표였지.

아침에 눈을 뜨자마자 지도를 펼쳐들었고, 해가 지고 새벽 닭이 울 때까지 지도에서 눈을 떼지 못한 날들이 이어졌어.

'큰 폭의 전도를 가지고 층판으로 나누어 물고기 비늘처럼 잇달아 책으로 만드니 고민하던 문제점이 사라졌군.'

물고기 비늘은 연달아서 촘촘히 몸통에 박혀 있잖아. 나는 우선 전국을 같은 크기로 줄여서 아주 커다란 지도를 만든 다음에 이것을 똑같은 크기로 나누어 책의 형태로 묶었어. 이렇게 하면 종이 크기에 따라 축척[7]이 달라지는 예전 지도들의 문제점을 해결할 수 있거든.

"흠. 지도에 가로 세로 거리를 나타내는 방안선을 그리다 보니, 강의 모양도 잘리고 산도 끊어지게 되는군. 정확한 것은 좋지만 지저분해서 제대로 지도를 보기 힘들어. 좋은 방법이 없을까?"

방안선은 현대에 모눈이라 불리는 거야. 모눈종이에 그려진 세로줄과 가로줄의 교차로 생겨난 사각형을 모눈이라고

---

7) 축척 : 지도를 그리며 실제 거리를 줄인 비율. 몇천 분의 일, 몇만 분의 일 등으로 표시해요.

하잖아. 내가 살던 시대에는 그것을 방안선이라고 불렀어.

지도 위에 가로 세로로 줄이 수없이 그어져 있다면 지도 보는 게 정말 헛갈리겠지? 그래서 어떻게 했냐고? 지도의 앞부분에 방안선을 그리지 않고, 지도 가장자리에 10리 간격의 눈금을 그려서 거리를 확인할 수 있도록 했어. 지금 생각해 보면 별것 아닌 것 같지만, 당시에는 꽤 획기적이었다고.

"아니 이건 또 뭐야, 이렇게 여러 마을을 나누어 놓으면 어디서부터 어디까지가 윗마을이고, 아랫마을인지 그 경계를 알기가 어렵겠군."

나는 그동안 잘못된 지도가 얼마나 많은 사람들을 곤란하게 하는지 잘 알고 있었어. 잘못된 지도는 한겨울 사람들을 깊은 산속에서 얼어 죽게도 하고, 엉뚱한 길로 안내해서 곤란을 겪게도 했지. 특히 물건을 팔러 이리저리 다니는 상인들에게 지도는 밥줄이었고, 전쟁을 하는 군인들에게는 생명줄과 마찬가지였단다.

사람에게 길을 알려 주는 것도 지도지만, 길을 잃게 만드는 것도 지도였지.

"그래. 결심했어! 나만의 독창적인 지도를 만들자. 사람을 살리는 지도를!"

나는 기존 지도의 문제점들은 해결하고, 사람들이 편리하게 읽을 수 있는 전국 지도를 만들기로 결심했어.

물론 그 전에 전국 지도가 없었던 것은 아닌데, 군현 단위로만 나누어진 지도로는 우리나라 전체의 모습을 한눈에

〈청구도〉

보기가 어려웠지. 지도에 나와 있는 지명이 달라지거나 정보가 오래되어 당시와 맞지 않는 것들도 많았어. 이런 것들을 고치고 정리하고 싶었거든.

지도와 지리지의 장점을 모두 살려서 지도 하나로 모든 정보를 얻을 수 있는 전국 지도를 만들어보려고 마음먹었지. 그렇게 완성된 것이 바로 〈청구도〉야.

〈청구도〉 맨 앞장에 내 친구 최한기가 글을 써 주었어.

> 내 친구 김정호는 나이가 어렸을 때부터 지도와 지리지에 관심이 많았다. 오랫동안 여러 지도를 찾아서 보고 연구하며 장점과 단점을 자세히 연구하고 살폈다.

한기의 말대로 나는 보는 사람 입장에서 불편하지 않은 지도를 만들려고 노력했어.

두 권으로 완성한 〈청구도〉는 현재 존재하는 고지도 중에 가장 큰 지도야. 많이 헷갈려 하는 군현의 경계를 확실하게 만들고, 가지고 다니기 편하게 책첩으로 만들었어. 각

읍의 땅의 면적과 집의 수, 군사의 인원수와 세금으로 걷어 들인 곡식의 양, 서울까지의 거리를 군현별로 지도 안에 기록하여 그 군현의 크기를 쉽게 짐작할 수 있었지. 그 결과 어느 고지도보다 과학적이라는 평가를 받았단다.

〈청구도〉는 내가 생각했던 것보다 훨씬 더 사람들의 사랑을 받았어. 오늘날의 베스트셀러처럼. 〈청구도〉를 빌려다가 베껴 그리는 사람들이 아주 많았지.

이규경이 쓴 『오주연문장전산고』라는 책에 보면 이렇게 쓰여 있어.

> 근래에 김정호라는 사람이 『청구도』를 두 권 지었다. 따로 바둑판 무늬를 그리고, 글자로 부호를 붙였으며, 서울과 군읍에 각각 그림 하나씩을 만들어 넣었다. 글자의 부호에 따라 찾으면 장이 다르더라도 나란히 볼 수 있어 헷갈리지 않는다. 김정호는 다른 사람보다 뛰어나고 생각이 깊다.

이규경이라는 사람은 평생 벼슬을 하지 않고 시골에서 학문에만 열중하며 살았던 사람이야. 아주 지식이 많고 똑똑한 사람이라고 들었어. 천문, 역사, 지리, 문학, 종교, 그림, 풍속 등 모든 학문에 대해 연구하고 글을 썼지.

특히 나같이 양반은 아니지만 기술과 솜씨가 좋은 사람들을 『오주연문장전산고』라는 책을 통해 세상에 알렸어.

어느 날 우연히 보게 된 〈지구전후도〉를 잃어버릴까 봐 두려워 베껴 두었을 만큼 학문적 관심이 높은 분이란다. 그런데 〈청구도〉를 보고는 "생각하는 바가 앞 사람들을 훨씬 뛰어넘고 정밀함이 평범함을 넘어섰다."며 나의 지도와 지리지가 반드시 후대에 전할 만한 것이라고 칭찬해 주었어. 칭찬 받는 것은 언제나 좋은 것 같아.

하지만 사람들이 칭찬하는 것처럼 〈청구도〉도 완벽한 지도는 아니야. 〈청구도〉를 이용하는 방법을 곳곳에 적어 놓았지만 지도에 넣을 수 없었던 내용과 지도를 볼 때 주의해야 할 점, 이 지도를 베끼거나 교정할 때의 방법들도 따로 꼼꼼히 적어 놓았어. 물론 나도 〈청구도〉를 완성한 이

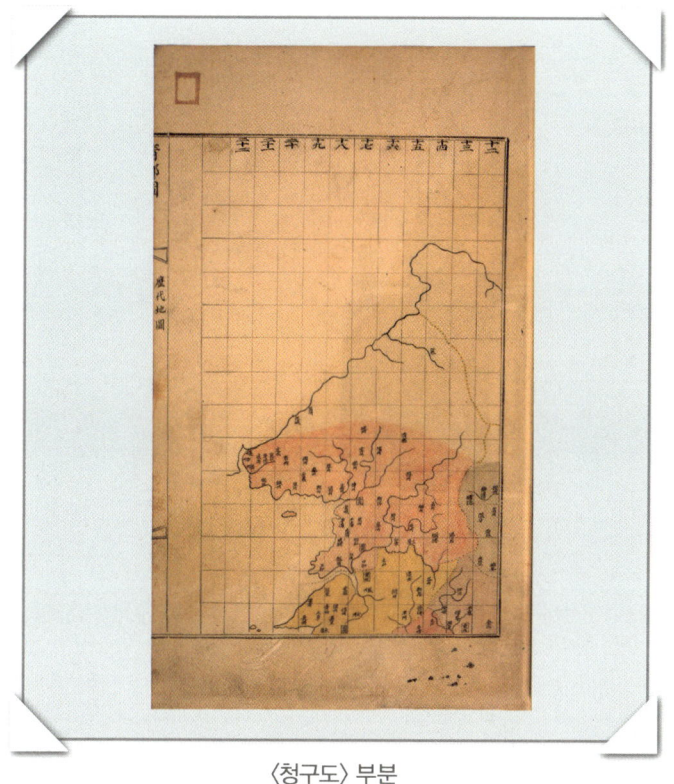

〈청구도〉 부분

후에도 계속해서 고치고 또 고쳤지.

  나를 인정해 주는 사람들이 생기는 만큼 나는 더욱 완벽한 지도를 만들려고 노력했단다.

창의적 체험 활동

우리나라 지역을 말할 때 '팔도'라는 말을 하지? 예전에는 전국이 8개의 도로 나누어 있었단다. 경기도, 충청도, 전라도, 경상도, 강원도, 황해도, 평안도, 함경도. 제주도는 전라도에 속해 있었지.

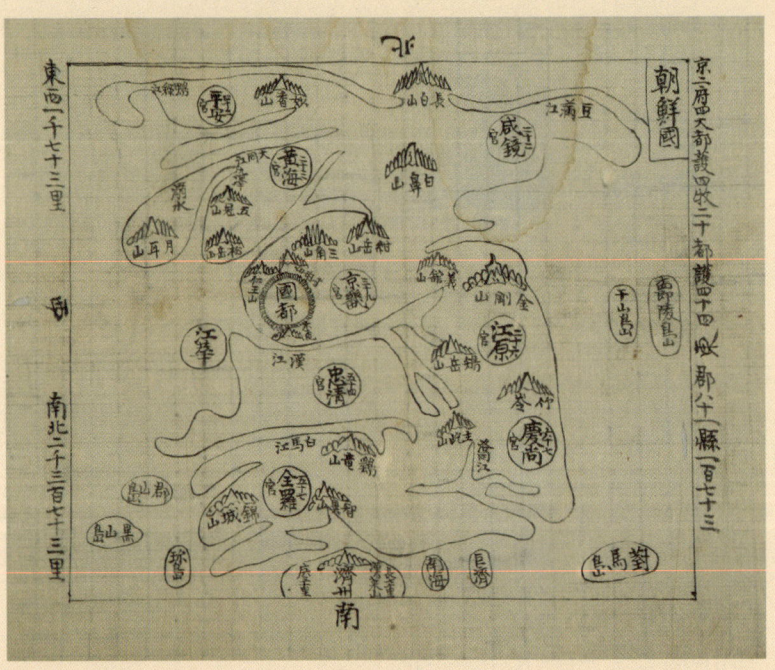

조선 전체를 그려놓은 〈조선국지도〉예요.

동서남북의 네 방향과 행정구역을 나타낸 팔도, 산, 강, 섬 등을 표시했어요.

현재의 지도를 보면 한반도의 행정구역이 더 많이 나누어져 있어요.
<보기>를 보고, 지도에 도의 이름을 써 넣고 예쁘게 색칠해 보세요.

보기

경상북도, 경상남도, 평안북도, 평안남도, 황해북도,
황해남도, 충청북도, 충청남도, 전라북도,
전라남도, 경기도, 자강도, 양강도,
함경북도, 함경남도, 강원도

예전엔 팔도강산이라고도 했어.

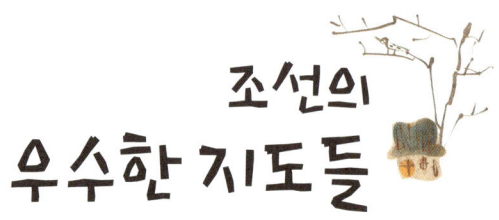

조선의 우수한 지도들

　어느 날 갑자기 내가 훌륭한 지도를 만들었다고 생각하는 친구들도 있어. 아마 친구들의 부모님이나 할아버지 세대들 중에서도 아직 오해하고 있는 분들이 있을 거야.
　그것은 아마 1934년에 쓰인 『조선어독본』에서 내 이야기가 잘못 소개 되어서 그럴 거야. 『조선어독본』은 지금의 국어 교과서를 말하는데, 일제 강점기 시절에 만들어진 거야.
　"김정호가 〈대동여지도〉를 만들기 전에는 우리나라에

정확한 지도가 하나도 없었대."

"김정호는 백두산을 여덟 번이나 오르고 전국을 수십 차례나 걸어서 지도를 그렸다지?"

"글쎄, 흥선 대원군이 지도와 목판을 모두 불태우고 감옥에 가두어 거기서 죽었다는데……."

흠, 아무래도 오해가 너무 심한 것 같아. 이 말들은 모두 사실이 아니야. 내 지도와 목판이 모두 불살라졌다면 지금 국립중앙박물관 수장고[8]에 보존되어 있는 목판은 어떻게 설명할 수 있을까?

그리고 내가 살고 있는 조선 시대에서 백두산에 여덟 번이나 올랐다는 것은 말이 안 돼. 이렇다 할 산악 장비도 없이 두 발로만 걸어 다닐 수 있는 곳이 아니거든.

그리고 산꼭대기에 올라가서 아래를 내려다보고 지도를 그렸다는 것도 거짓이야. 백두산처럼 높고 큰 산에 실제로 올라가면 까마득한 산줄기만 보이지 우리나라 전체

---

8) 수장고 : 귀중한 것을 고이 간직하는 창고

모습이나 길과 강, 마을이 보이지 않거든.

물론 내가 지도를 만들 때 실제로 가서 거리를 측정하고 정확히 조사한 곳들이 많아. 기존 지도에서 잘못된 부분을 직접 확인했던 것도 사실이야. 하지만 우리나라의 모든 곳을 직접 다 가볼 수는 없었어.

그런데, 일본 사람들은 왜 이런 잘못된 이야기를 만들어서 널리 퍼뜨렸을까?

일제 강점기에 일본인들은 아마도 나를 대단한 영웅으로 만들고, 조선의 문화가 우수하다는 것을 감추고 싶어서 그런 게 아니었을까? 내가 지도를 만들기 전에는 우리나라에 훌륭한 지도들이 없었던 것처럼 꾸미려고 만든 이야기인 것 같아. 나에 대한 역사적인 기록이 많지 않으니 나를 둘러싼 오해들도 그때 많이 생긴 거란다.

그러니 내 친구 최한기나 나를 도와주었던 신헌 장군, 최성환, 유재건, 이규경의 글을 통해서 나를 확인하는 것이 가장 좋은 방법이야. 그래 봤자 종이 한 장도 되지 않는 짧은 기록들이기는 하지. 그리고 내가 만든 지도들, 그 지도 안에 써 놓은 나의 글을 통해서 진짜 나를 알 수 있지 않을까?

자, 그렇다면 일본이 만들어 놓은 이야기와 달리 우리나라 지도가 얼마나 우수했는지 몇 가지 소개를 해 줄게.

사실 우리나라는 지도 제작에 실력이 뛰어난 나라였어. 우리나라는 글자로 역사를 기록하기 전인 고대 시대부터 지도를 만들어 왔다고 전해진단다.

지도를 그리고 만든 역사는 오래되었지만 본격적으로 지도를 제작한 것은 조선 초부터야.

조선의 학자들은 이미 서유럽과 아프리카 대륙이 있다는 것을 알고 있었어. 태종 때에는 중국의 〈혼일강리도〉를 기초로 해서 조선과 일본의 지도를 결합한 세계 지도인 〈혼일강리역대국도지도〉를 만들었어. 이 지도는 우리나라 전도 중에 가장 오래된 것인데, 당시 조선의 해안선과 지형이 비교적 정확히 그려져 있어.

아쉽게도 원본은 일본 류코쿠 대학이 소장하고 있고, 우리나라의 서울대학교 규장각에서는 손으로 베껴 그린 것을

〈혼일강리역대국도지도〉
1402년에 좌정승 김사형, 우정승 이무의 생각으로,
의정부 검상 이회가 실무를 맡아 제작한 세계 지도예요.

보관하고 있단다.

본격적인 지도 제작은 내가 태어나기 이전인 세종 대왕 시절부터 시작되었어.

모두 잘 알겠지만 세종 대왕은 여러 가지 기구들을 만들어서 실제 거리를 재고, 천문학적 기기를 만들어 위도와 경도를 측정하며, 나침반을 이용해 방향을 찾는 등의 지식이 있었기에 지도를 만드는 데 큰 도움이 되었어.

세종 대왕 때 정척이라는 사람은 나라의 경계가 되는 변두리 땅을 직접 돌아다니며 거리를 재었어.

이때 특별한 수레가 이용되는데 그 이름은 '기리고차'라고 해. 일정한 거리를 가면 북 또는 징을 쳐서 거리를 알려 주는 조선 시대의 반자동 거리측정기계인 셈이었어.

『세종실록』에 보면, 세종 대왕이 왕비와 세자를 데리고 온양 온천에 가실 때 '수레가 1리를 가게 되면 나무 인형이 스스로 북을 쳤다.'라고 기록되어 있어.

나무로 만든 인형이 자동으로 북을 쳐서 거리를 알려 줬다니, 정말 재미있고 특별한 기계야.

거리를 재기 위한 기구였던 기리고차의 모습이에요.

이런 기계들이 만들어지기 전에는 자나 막대기를 가지고 일일이 재거나 사람이 발자국으로 재는 보측법을 이용해서 지도를 만들었어. 노끈이나 먹줄, 새끼줄을 이용하기도 했지. 이런 것들을 사용하면 재는 사람에 따라 차이가 나니까 정확한 지도를 만들기가 어려웠어.

이렇게 세종 때부터 이어진 연구와 작업으로 세조 때에 정척과 양성지는 우리나라 최초의 실측[9] 지도인 〈동국지

---

9) 실측 : 실제로 각 지점의 위치와 실제 거리, 높낮이, 면적 따위를 재는 일

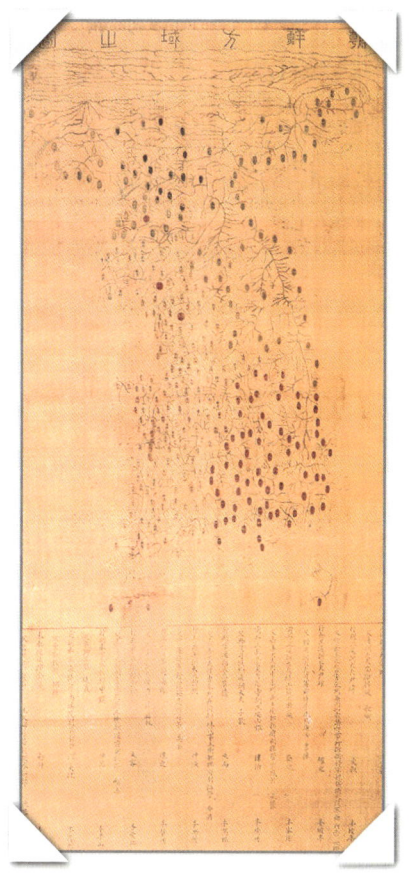

〈조선방역지도〉는 조선 전기에 만들어진 우리나라 전도예요.

도〉를 완성해. 아쉽게도 이 지도는 남아 있지 않지만 비슷한 지도인 〈조선방역지도〉를 비롯해 몇몇 지도가 전해지고 있어.

〈동국대지도〉
정상기가 만든 〈동국지도〉에 가장 비슷하게 베껴 그린 지도예요.

그리고 1857년 정상기라는 사람이 축척을 넣어 정확하고 정밀한 〈동국지도〉를 만들었지. 축척이란 실제 거리를 일정한 비율로 줄여서 나타내는 방법이야. 이 지도를 보고 영조왕이 크게 감탄해서 한 벌을 베껴 두도록 명령했다고 해.

정상기의 전국 지도는 백 리를 1척으로 그려내는 방법인 '백리척'을 이용해서 조선 지도학을 발전시키는 데 큰 역할을 했어. '리'와 '척'은 거리를 나타내는 단위야. 다른 기록을 보면, 6척은 한 걸음 정도의 거리, 1리가 360걸음 정도의 거리라고 했어. 그러니까 백리척은 1 : 216,000으로 줄여 그린 지도라는 뜻이야.

물론 내 지도들도 〈동국지도〉에 영향을 많이 받았어. 나에게는 100년 전에 태어나 지도 선배였던 셈이지. 아마도 이런 훌륭한 지도들이 없었다면 나는 지도를 만들 엄두도 내지 못했을 거야.

창의적 체험 활동

지도를 그리기 위해 일정한 비율로 실제의 크기를 줄이거나 늘리는 것을 축척이라고 해.

지도를 그릴 때는 실제 거리를 그대로 그리지 않아. 만약 실제 거리를 그대로 그린다면 우리나라 지도를 그릴 때 우리나라만한 종이에 그려야 할걸. 어때, 너도 네 방을 일정한 크기로 줄여서 너만의 지도를 한번 그려 보겠니?

내 방 지도 만들기

재료 : 튼튼한 다리, 실, 줄자, 계산기

① 먼저 내 방의 가로와 세로를 잴 수 있는 곳을 찾아요.
② 내 걸음의 길이가 어느 정도인지 재어 보아요.
③ 가로, 세로가 직선이라면 일정하게 걸으며 거리를 재요. (줄자로 거리를 재도 좋아요.)
④ 만약 비뚤비뚤하다면 실로 거리를 잰 후, 다시 실의 길이를 재요!
⑤ 얼마만큼의 비율로 줄일지 결정해요. 모눈종이 한 칸이 몇 걸음 또는 1m를 나타낼지 등을 결정하면 돼요.
⑥ 모눈종이에 지도를 그려 보아요.

내 방의 크기를 알기 위해 줄자로 가로와 세로 길이를 재어 보세요.
일정한 비율로 줄여서 방 안의 모습을 그려 보세요.

사람을 살리는 지도, 사람을 죽이는 지도

"이 지도를 내다 버리십시오."

"뭐라고? 이 지도가 얼마나 귀한 것인데!"

"이 지도는 사람을 죽이는 지도입니다, 나리."

"그게 무슨 소리냐? 관아에 있는 귀한 지도를 가지고 네가 감히!"

"이 지도는 잘못된 지도입니다. 이 지도를 보다가는 오히려 많은 사람들이 길을 잃고 헤매거나 잘못된 길로 들어서 짐승들에게 해를 입을 것입니다!"

정확한 지도는 일정한 규칙과 약속을 잘 나타내. 그래서 틀림없지. 그런데 정확하지 않은 지도는 잘못된 정보를 알려 줘. 없는 것보다 더 무서운 것이 되지. 지도는 사람을 살릴 수도 있지만 사람을 죽일 수도 있거든.

내가 살던 시대에는 지도가 필요할 때 베껴 그리는 일이 많았어. 정확한 지도가 있더라도 지도를 따라 그릴 때 잘못 베껴 그리면 소용없는 일이 되었어. 점 하나 잘못 찍고, 선 하나 비뚤게 그리면 완전 다른 길이 되어 버리잖아.

대부분 여러 지역으로 물건을 팔러 다니는 상인이나 먼 친척 집을 찾아가거나 여행을 가는 사람들에게 지도가 필요했어. 그런데 잘못된 지도 때문에 어려움을 겪는 사람들이 많았지. 게다가 글을 모른다면 더더욱 지도를 제대로 읽기가 쉽지 않았어.

그런데 만약에 나랏일을 하는 관청이나 전쟁을 하는 군인에게 잘못된 지도가 있다고 생각해 봐. 나라의 일을 제대로 보기도 힘들고 나라를 지키는 것도 어렵겠지?

내가 살던 즈음에는 우리나라가 여러 차례 큰 전쟁을 치르게 되었어. 전쟁을 통해 사람들은 우리나라의 땅과 역사에 대해 관심이 커졌어. 물건을 서로 사고파는 것이 크게 발달하면서 여러 지역의 물건들이 오고가곤 했기 때문이야. 게다가 사람들이 실용적인 학문인 실학에 관심을 갖게 되면서 지도에 대한 관심은 커져만 갔지.

나 역시 이러한 지도의 필요성을 느껴 더더욱 정확하고 간편한 지도를 만들게 되었어. 나의 지도 만들기는 〈청구도〉를 만든 이후에 그 어느 때보다 힘을 얻게 되었어.

1834년부터 편찬하기 시작한 『동여도지』는 22책으로 되어 있어. 『동여도지』는 '지지'를 엮은 거야. 지지가 뭐냐고? 지(地)는 '땅'이라는 말이고 '지(誌)'는 기록이라는 뜻이야. 그 땅에 대해 기록한 것을 말하지. 그러니까 특정 지역의 자연 및 문화를 백과사전처럼 정리한 책이란다.

실제로 『동여도지』에는 지도가 빠져 있어. 만들다 보니 지지 중심의 지리지로 만들어졌지. 이 책을 보면 내가 빈 공간에 여러 번 교정한 흔적을 볼 수 있어. 이건 완성본을

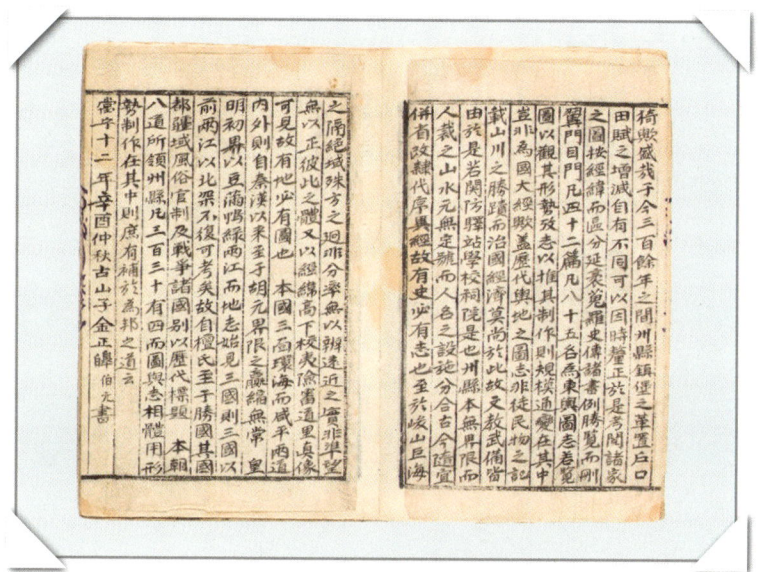

각 지역의 지지를 엮은 『동여도지』

만든 다음에도 계속 다른 자료들과 비교하거나 내가 직접 그 땅에 가서 확인하고 검토하는 과정에서 잘못되거나 틀린 것, 또는 변한 것들이나 새롭게 생긴 것들을 고치거나 더 넣었기 때문이란다.

그래서 『동여도지』의 서문은 뒤늦게 1861년에야 써넣었지. 앞에서 말했듯이 난 지도만 만들지는 않았어. 지도를 제작하면서 틈틈이 지리지를 써서 책으로 만들기도 했어.

지리지는 지도만큼이나 중요한 책이야. 지도에는 땅의 모양만 담는 게 아니니까. 물론 땅의 모양도 정확해야 하지. 하지만 행정구역 등 사람들의 생활 모습까지 잘 이해하고 있다면 보다 정확하고 도움이 되는 지도를 만들 수 있어. 그래서 지도와 함께 이런 정보가 실린다면 환상의 짝꿍이 되는 거지. 이미『세종실록 지리지』등과 같은 지리지가 만들어져 있긴 했지만, 시간이 흐르면서 사람들의 생활 모습도 달라졌거든. 그래서 새로운 정보들을 다시 수정하고 정리하여 지리지를 여러 권 편찬한 거야.

내가 만든 지리지 가운데 가장 자랑하고 싶은 것은『여도비지』야. 이것은 최성환과 함께 만든 20권의 책이란다. 최성환도 양반은 아니었지만, 궁궐을

『세종실록 지리지』

지키는 무관이었어. 최성환과 함께 지리지를 쓰면서 학문적으로 경제적으로 많은 도움을 받았지.

『여도비지』 속에는 지도를 만들기 위해 꼭 필요한 비밀 자료가 들어 있어. 그건 바로 해발고도, 경도, 위도, 방위야. 특히 전국의 경도와 위도를 기록한 유일한 책이기도 해. 경도는 지구의 위치를 나타내는 세로선, 위도는 지구의 위치를 나타내는 가로선을 말해.

최성환과 나는 서울을 기준으로 각 지방의 경도와 위도를 기록했어. 이러한 수치들은 실제 지도 제작에도 많이 활용되었어. 내가 주로 활용한 수치는 정조 때 실시했던 측정 결과야.

이미 조선 전기부터 우리나라의 천문학은 매우 발달했어. 서울을 중심으로 하는 우리나라만의 독자적인 경도와 위도의 기준을 가지고 있을 만큼 말이야. 세종 대왕 때에는 천체[10] 관측 기구인 간의가 완성되어 위도를 측정하고

---

10) 천체 : 태양, 지구, 달 같은 별이나 은하 등 우주에 존재하는 모든 물체를 이르는 말이에요.

천문시계인 혼천의

천문시계인 혼천의로 경도를 측정할 수 있었지. 우리는 이것을 지리지에 실었던 거야.

그 뿐만 아니라 각 고을 사이의 거리를 자세한 방향으로 기록한 방위표도 실었어. 이런 자료들은 훗날 〈대동여지도〉를 만들 때 큰 도움이 되었단다.

어릴 적에 지도가 나에게 말을 건넨다고 했던 말 기억하니? 그래서 나는 『동여도지』, 『여도비지』와 같은 지도와 지리지를 만들면서도 끊임없이 〈청구도〉를 수정하는 작업을 같이했어. 〈청구도〉를 다 만들고 나서도 만족할 수가 없었거든. 계속 고치고 다듬으면서 좀 더 완벽한 지도를 만들기 위해 노력했지. 한 번, 두 번, 세 번…….

그러다가 새롭게 만든 지도가 바로 〈동여도〉야.

1857년 무렵 완성된 이 지도는 아름다운 채색지도로 칭찬 받는 지도야. 전체 23첩으로 만들었는데, 1첩부터 22첩은 지도를 그린 것이고, 하나는 목록집이야. 〈청구도〉보다 100면을 줄이고, 넓은 지역을 한 면으로 볼 수 있게 했어. 그래서 글자는 작아졌지만, 도로에 10리마다 점을 찍어서 어느 지점에서도 서로의 거리를 정확히 알 수 있게 했어. 뒷장에 있는 지도를 잘 살펴 봐. 22첩의 지도를 모두 펼쳐 놓으니, 우리나라 전체 지도가 되었지?

훗날 내가 만든 〈대동여지도〉의 땅의 이름은 7,370개인데, 〈동여도〉는 그보다 약 7천여 개가 더 기록되어 있어. 손으로 그린 지도라 더 자세하게 기록할 수 있었거든. 지리는 물론 지역과 관계된 내용도 상세하게 썼지.

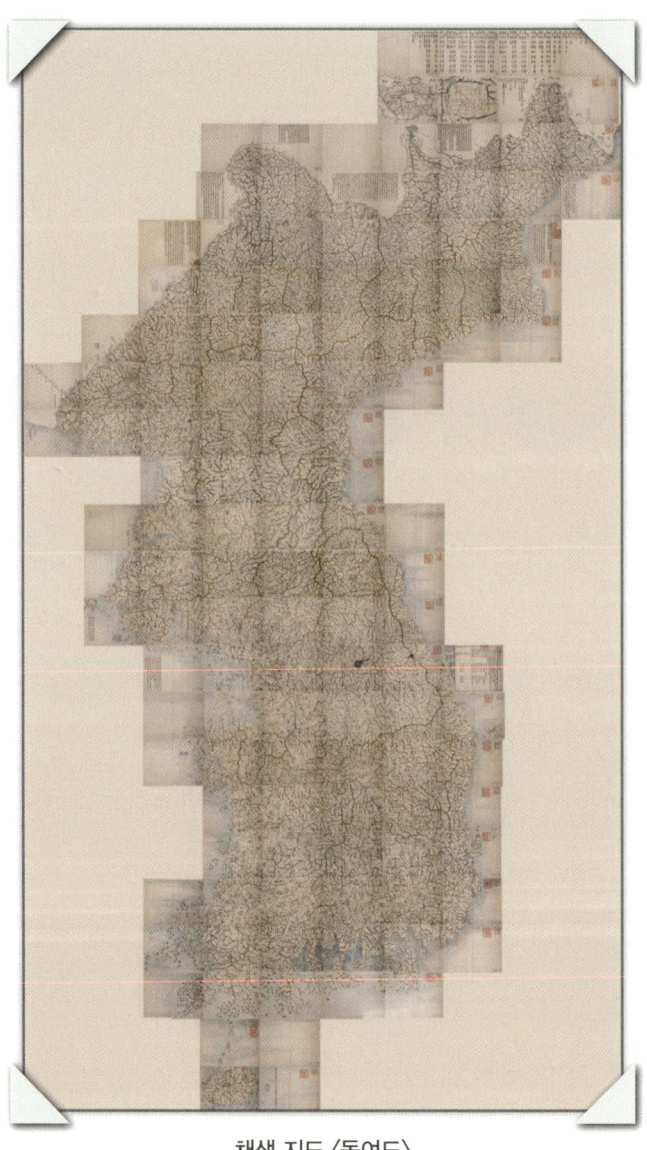

채색 지도 〈동여도〉

물론 붓으로 그리고 색칠한 지도지만, 이 지도가 목판본인 〈대동여지도〉를 만드는 데 큰 영향을 주었어.

누군가는 왜 한 번에 지도를 뚝딱 완성하지 않느냐고 물었지. 그런데 지도는 살아 숨 쉬는 생물이랑 같아. 늘 변해야 하거든. 몇십 년 전, 몇백 년 전 지도를 지금 본다고 생각해 봐. 십 년이면 강산이 변한다는 말도 있는데, 지금처럼 빨리 변하는 사회에서는 아마 작년에 만들어진 지도로도 길 찾기가 쉽지 않을 거야.

내가 살던 조선 시대에도 마찬가지였어. 지도가 귀한 시대였기 때문에, 옛날에 만들어진 지도를 베껴 그리거나 최근에 만든 지도라 해도 잘못 베껴 그려서 정확하지 않은 지도가 많았지. 게다가 새로 생긴 길이나 잘못된 길을 지도에 고쳐 그리기도 어려웠어.

현대에는 인터넷으로 새로운 지도를 찾고, 내비게이션을 업데이트 하면 간단한 일이지만 말이야. 지도는 계속 변해야 하는데 나의 고민은 한층 더 깊어졌어.

창의적 체험 활동

정확한 길을 알려 주는 지도는 사람들이 목적지까지 쉽고 안전하게, 그리고 빨리 갈 수 있도록 도와주지. 그 길을 아는 것이 얼마나 중요한지 다음 미로 문제를 풀며 느껴 봐.

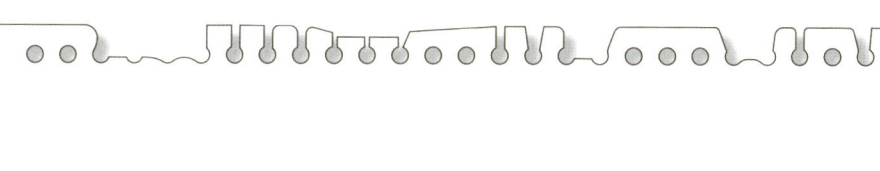
나만의 미로를 만들며 친구나 가족과 함께 새로운 길을 찾아 보세요.

창의적 체험 활동

지도에 관심 있는 친구들이라면 지도박물관을 가 보자. 지도박물관에는 누구나 지도를 이해하기 쉽게 다양한 자료를 전시해 놓았어.

지도박물관

우리나라에는 지도박물관이 한 곳밖에 없어요. 지도라고 하면 보통 우리나라의 땅 모양 위에 행정구역이 그려진 그림이 떠오를 거예요. 하지만 지도는 그렇게 단순하지 않답니다.

지도박물관에서는 지도의 역사를 살펴볼 수 있어요. 지도가 왜 생겼는지, 김정호의 대동여지도에 이르기까지 지도가 어떻게 발전해 왔는지, 현대의 지도는 그 이후 어떻게 발전해 왔는지도 알 수 있지요.

인공위성이 발달한 오늘날, 더 뛰어난 기술로 제작되고 있는 지도의 모습은 물론 체험도 가능하답니다.

- 주　　소 : (443-772) 경기도 수원시 영통구 월드컵길 587(원천동 111)
- 입 장 료 : 무료
- 운영 시간 : 10:00~17:00(16시까지 입장 가능)
  - 신정(1월 1일), 설연휴, 추석연휴는 휴관입니다.
  - 관람객의 편의를 위하여 주차시설이 준비되어있습니다.
- 문의전화 : 031) 210-2667

인터넷 지도를 검색해서 지도박물관을 찾아보고, 지도박물관의 위치 지도를 아래에 그려 보세요.

22첩의 꿈, 대동여지도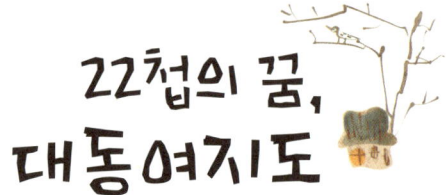

"**선명하다는** 것은 해 뜨는 동쪽에서 달 지는 서쪽까지의 넓은 지역을 밝혀 주어 사람을 새롭게 한다(鮮:선)는 뜻으로 볼 수 있고 땅이 동쪽에 있어 해를 가장 먼저 밝힌다(明:명)는 뜻도 있다. 그래서 조선이라 한다."

내가 〈대동여지도〉 제일 앞에 쓴 글이야. '대동'은 동쪽에 위치한 나라라는 뜻이야. '여지'는 수레같이 만물을 싣는 땅이라는 뜻이고.

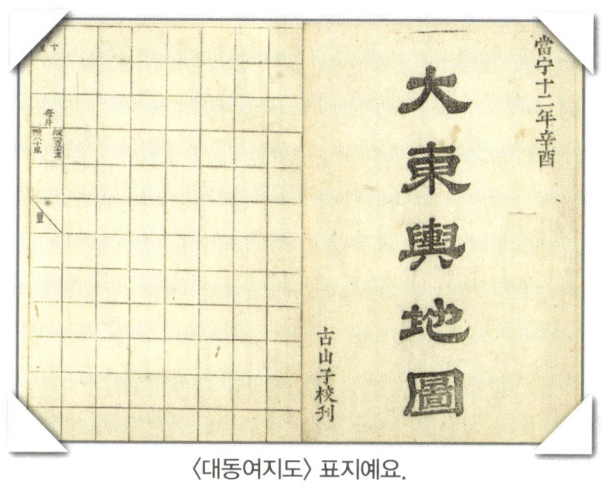

〈대동여지도〉 표지예요.

어때, 이름만 들어도 어떤 지도인지 짐작이 되지? 〈대동여지도〉는 우리나라 땅의 모든 것을 담은 지도를 의미해.

표지에 〈대동여지도〉가 만들어진 때와 내 호가 찍혀 있는 것 보이지? 앞으로 나, 고산자 김정호를 떠올리면 〈대동여지도〉가 생각날 거야. 이 지도는 나에게도 큰 의미가 있어. 내 평생 연구하고 수집했던 지도들과 내 생각이 모두 담겨져 있거든.

〈대동여지도〉는 정말 거대한 지도야. 모두 22첩으로 되어 있는데, 펼쳐 놓으면 세로 약 7미터, 가로 약 4미터가 되

〈대동여지도〉 목판본은 보물 제850호로 지정되어 있어요.

거든. 세로는 아마도 요즘 건물의 3층 높이 정도 될 거야. 전국을 120리 간격으로 나누어 22층으로 구분한 뒤 하나의 층을 1첩으로 만들었어. 총 22첩의 지도를 위아래로 연결하면 우리나라 전국 지도가 되는 거지.

가장 큰 특징은 목판본[11]이라는 거야. 목판에 새겨 찍으면 손으로 그리는 것보다 더 많은 지도를 만들 수 있어. 잘못 베껴 그리는 실수도 줄일 수 있고. 한마디로 지도 만드는 게 더 편리해진 거야.

〈대동여지도〉의 맨 위층 지도인 1첩에는 실제 크기의 땅을 지도에 얼마만큼 줄였는지를 표시해 놓았어. 〈동국지도〉에서처럼 나도 축척을 사용했거든. 당시에는 '매방 10리'라고 했어. 이 말을 너무 어렵게 생각하지는 마. 모눈의 가로 세로가 실세 길이로 하면 10리라는 뜻이야.

내가 지도를 만드는 이유가 궁금하지 않니? 〈지도유설〉에 그 이유를 잘 적어 놓았어.

---

11) 목판본 : 나무를 파내어 만든 목판으로 인쇄한 책

〈대동여지도〉를 찍은 목판이에요.

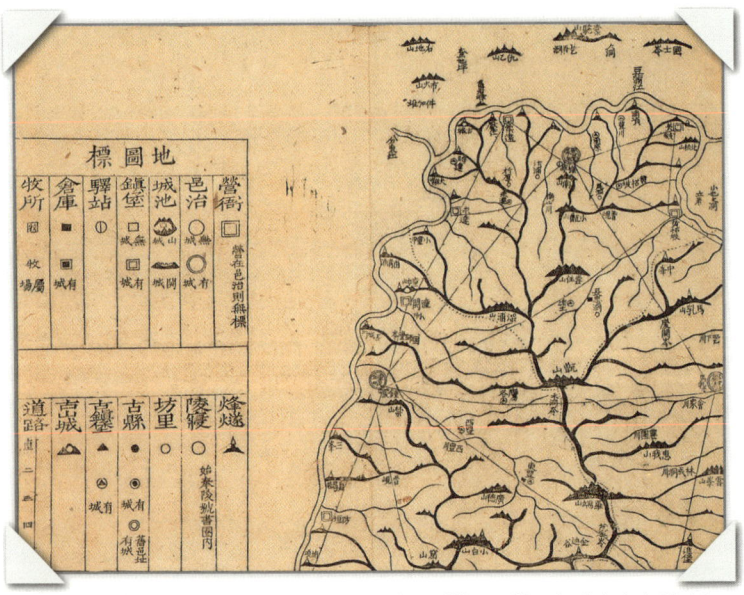

〈대동여지도〉의 윗부분에는 지도의 기호가 무엇을 뜻하는지 정리되어 있어요.

> 세상이 어지러워 적이 쳐들어오면 이를 막는 데 도움이 되고, 나쁜 무리들을 없애며 세상이 평화로울 때면 나라와 백성을 다스리는 데 이 지도를 이용하기 바란다.

　나는 나라를 다스리는 왕은 전쟁에 유리한 지역과 불리한 지역, 그리고 백성들의 모습과 풍속을 모두 알아야 한다고 생각해. 그리고 백성들도 서로 소통하고 잘 살기 위해서는 우리나라 지리를 잘 알아야 하거든.

　농민들이 지형[12]을 잘 이해하면 농사를 더 잘 지을 수 있고, 상인들이 지리를 잘 알면 장사를 더 잘 할 수 있고, 어부들이 지형과 지리를 익혀 두면 배를 더 잘 몰고, 물때[13]를 알아서 고기도 더 많이 잡을 수 있잖아.

　그래서 나는 3가지 원칙을 가지고 〈대동여지도〉를 만들었어.

　"누구나 쉽게 볼 수 있고, 정확하며, 편하게 가지고 다닐

---

12) 지형 : 땅의 생긴 모양이나 형태
13) 물때 : 하루에 두 번씩 밀물과 썰물이 들어오고 나가고 하는 때

수 있어야 해."

고대 중국의 지리학자인 진나라의 배수는 지도를 그리는 여섯 가지 원칙을 이렇게 이야기했어.

> 첫째, 일정한 비율로 줄인다.
> 둘째, 가로세로의 눈금선을 그린다.
> 셋째, 거리를 정한다.
> 넷째, 높고 낮음을 정한다.
> 다섯째, 모나고 비뚤어진 것을 잰다.
> 여섯째, 곡선과 직선을 따로 헤아린다.

배수가 말한 이 여섯 가지 원칙들을 모두 바르게 써야만 높은 산과 넓은 바다, 굽이치는 강물 모두 올바르게 지도에 나타낼 수 있어. 특히 우리나라처럼 산이 많은 나라에서는 특히 더 주의를 기울여야 하지.

나는 혼자의 힘으로 〈대동여지도〉를 만든 게 아니야. 특히 신헌 장군은 나에게 많은 자료들을 구해 주며, 경제적인 지원을 아끼지 않았어. 신헌 장군이 쓴 『금당초고-대동방여도서』에 그 이야기가 잘 나와 있단다.

> 나는 일찍이 우리나라 지도에 뜻을 두고 비변사와 규장각에 소장된 것, 오래된 집안에 좀먹다 남은 것들을 널리 수집하고, 여러 지도를 서로 참고하며, 여러 책들에 근거하여 합쳐서 편입하였다. 김정호와 그 내용들을 상의하여 지도를 완성시키도록 하였다. 수십 년 동안 자료를 모아 비로소 한 부를 만들었는데 모두 23권이다.

이제 〈대동여지도〉와 짝꿍을 이룰 수 있는 지리지를 만들 차례야. 바로 『대동지지』였지. 차례와 일러두기, 각 지방의 환경과 풍속은 물론 강과 산, 국방에 관한 부분과 교통, 역사 이렇게 6부분으로 나누어서 총 32권으로 만들었어. 특히 침략과 선생에 대비해서 군인들이 가장 알고 싶어 하는 옛날 전투에 관한 내용까지도 담았어.

나는 죽는 날까지 『대동지지』를 고치고 또 고쳤어. 확실하지 않은 부분은 자료를 찾아보고, 자료가 없으면 직접 가서 조사를 했지. 하지만 『대동지지』를 끝내 완성하지 못했어.

창의적 체험 활동

내가 대동여지도를 어떻게 만들었는지 궁금하지 않니?
그 제작 과정을 자세히 알려 줄게!

❶ 종이에 지도를 먼저 그려.

정확한 지도를 그리기 위해서는 이때 정신을 똑바로 차리고 집중해서 그려야 해. 아마 내가 고쳐 그린 지도만 수백 수천 장은 될 거야.

❷ 지도를 새길 목판을 만들어.

100년이 넘은 피나무를 베어 목판을 만들어. 목판의 크기대로 잘 자르고 표면을 평평하게 해야 지도를 찍을 때 잘 나와! 나의 비법을 알려 줄까? 나무를 소금물에 넣어서 삶으면 오랜 뒤에도 나무의 모양이 변하거나 쪼개지지 않는단다.

❸ 목판에 지도를 붙여.

목판이 다 만들어지면 종이 지도를 뒤집어 잘 맞춰. 부드러운 붓에 기름을 묻혀서 그 위를 조심스럽게 붓질하면 조각할 부분이 비친단다.

《대동여지도》는 이렇게 여러 과정을 거치며 만들어졌어요. 모든 과정에는 나의 정성이 가득 들어 있지요.

❹ 목판을 조각해.

쉿! 조각칼이 조금이라도 미끄러지면 지도가 달라지니 집중해서 조심조심 조각해야 해. 한 판이 끝나기 전까지는 화장실이 가고 싶어도, 배가 고파도 꾹 참는단다. 조각이 잘못 새겨지면 어쩌냐고? 아무리 아까워도 버려야지.

❺ 목판에 먹물을 칠하고 종이를 찍어내.

조각이 완성된 목판 위에 먹물을 정성스럽게 칠해. 그 위에 한지를 덮고 부드러운 뭉치로 문지르면 튀어나온 조각 부분에 먹물이 묻어 종이에 찍히지. 뭉치는 사람 머리털을 밀랍으로 뭉쳐 만든 거야.

❻ 인쇄된 종이를 엮어 책으로 만들어.

종이에 찍어 낸 지도들은 잘 이어 붙여 책으로 만들어. 병풍 모양처럼 지그재그로 접으면 누구나 쉽게 펴고 접을 수 있겠지? 이렇게 22첩을 만들면 우리나라 전국 지도인 대동여지도 완성!

창의적 체험 활동

내가 〈대동여지도〉를 만든 것처럼
너희도 지도를 새겨 찍어 봐.
함께 멋진 지도를 만들어 보자고!

우드락 판화 찍기

재료 : 우드락(일회용 도시락), 물감, 연필(볼펜), 붓(롤러)

① 우드락을 적당한 크기로 잘라 볼펜이나 연필을 세게 눌러서 홈이 파이도록 지도를 그려요.
② 붓이나 롤러를 이용해 물감을 묻혀요.
③ 물감을 묻힌 뒤 깨끗한 종이를 덮고 손바닥으로 잘 문지른 후에 종이를 떼어 내요.
④ 지도 완성!

우리 동네 지도를 그려보아요.

지도 판이 있으면 필요할 때마다 찍어 내면 돼요.
〈대동여지도〉를 많은 사람이 볼 수 있었던 이유지요.

※내가 만든 우드락 판화를 이곳에 찍어 보세요.

지도는 아직 살아 숨 쉬고 있다

"**왜** 계속 새로운 지도를 만드는 거요?"

많은 사람들이 나에게 물었어. 내 평생 가장 많이 들었던 소리야. 내가 지도를 만드는 이유는 아주 간단해. 좋으니까.

어떤 일을 할 때 신나고 즐거우면 시간 가는 줄 모르고 하게 되지?

나는 평생 지도 보기를 좋아했고, 지도를 연구하는 순

간이 가장 즐거웠고, 지도를 만들면서 가장 행복했어. 내 인생 최고의 순간은 내 지도가 사람들에게 도움이 될 때였지.

  지도는 제 아무리 큰 나라도 종이에 쏘옥 담을 수 있잖아. 길과 길을 이어 주고, 강과 강을 이어 주고, 산과 산도 이어 주지. 그 길 위에 무엇이 있는지, 산은 얼마나 높은지, 바다는 얼마나 깊은지, 땅은 또 얼마나 넓은지. 그뿐만 아니라 그곳에는 무엇이 있고, 어떤 이야기들이 있는지 모두 담을 수 있잖아. 얼마나 매력적인지!

  그러니 날 지도 그리는 사람보다는 지도출판인으로 보는 것이 더 맞을 것 같아. 지도를 연구하고, 기획하며, 만든 뒤 수정하는 과정까지. 이 과정은 책을 출판하는 것과 비슷하지.

  현대 사람들은 내가 어디서 태어났는지, 어떻게 살았는지, 언제 죽었는지 많이 궁금해하는 것 같아. 기록으로 남겨져 있지 않아서 아마 더 그럴 거야.

  그런데 그것은 하나도 중요하지 않아. 그냥 지도를 좋아했던 지도꾼으로 기억해 주면 좋을 것 같아.

다만 내가 평생을 살면서 가장 아쉬운 것은 내가 만든 지도를 더 많이 고치지 못했다는 거야. 유재건이라는 사람이 쓴 『이향견문록』을 보면 나에 대한 이야기를 싣고 있어. 나의 지도를 보고 칭찬을 해 주니 조금 부끄럽지만 내 마음을 알아주는 것 같아서 기분이 좋아.

> 김정호는 특히 지리학에 관심이 많아 널리 자료를 수집하여 일찍이 〈지구도〉를 만들었다. 또 〈대동여지도〉를 만들었는데 직접 그림을 그리고 새겨 세상에 널리 배포하였다. 얼마나 자세하고 정확한지 비교할 수 있는 것이 없다. 나도 그중 하나를 얻어 보았는데, 참으로 귀한 보물처럼 여겨졌다. 또 『동국여지고』 10권을 지었는데 미처 완성하지 못하고 죽으니 참으로 안타까운 일이다.

나는 조선 시대에 가장 많은 지도를 제작했고, 가장 많은 지리지를 편찬한 지리학자야. 사람들은 내가 만든 마

지막 지도를 1861년에 완성된 〈대동여지도〉라고 생각해. 하지만 난 그렇게 생각하지 않아. 〈대동여지도〉는 내가 죽는 날까지도 계속 만들어지고 있었어. 내 머릿속에서는 끊임없이 고치고 수정하고 새롭게 만들 생각들이 계속 샘솟고 있었거든.

 아쉽게도 만족할 때까지 고치진 못했지만, 그 이후로 많은 학자와 지도꾼들이 새로운 지도를 만들고 또 고치면서, 내 지도는 오늘날의 현대 지도로 이어졌지. 현대에는 높은 곳에서 내려다본 항공 사진, 주소, 그리고 지도를 이용하면 우리 마을은 물론 우리나라, 전 세계의 위치를 한눈에 알 수 있어. 지도는 앞으로도 더 쉽고 편리하게 사용할 수 있도록 바뀔 거야. 그러니 내 지도는 아직도 살아 숨 쉬며 현대인들 곁에서 계속 발전하고 있다고 생각해.

 자, 지도를 하나 펼쳐 놓고 귀를 기울여 봐. 지도가 너에게 말을 걸어 올 테니.

창의적 체험 활동

오늘날에는 지도를 어떻게 만드는지 궁금해. 함께 알아볼래?

지금은 누가 지도를 만들까?

현대에는 국토지리정보원에서 우리나라의 지도 제작에 관한 모든 일을 처리해요. 이곳은 국토교통부에 속한 정부기관이랍니다. 과학 기술이 발달한 오늘날에는 항공 촬영을 하고, 실제 해당지역에서 직접 측량기로 잰 뒤 자료들을 바탕으로 지도를 그리고 인쇄해요. 국토지리정보원에서 하는 중요한 일 중 하나는 국가기본도를 만드는 거예요. 국가기본도는 우리나라 지도의 기준이 되는 지도를 말해요. 우리나라 땅의 모습과 상황을 정확하게 나타내어 국토개발을 어떻게 할지 계획할 때 중요한 자료가 되지요. 혹시 여러분의 교실에 대한민국 전도가 걸려 있나요? 그것도 국토지리정보원에서 만든 거랍니다.

항공위성 사진

국토지리정보원 웹 사이트에 접속해서 어떤 과정을 통해 지도를 만드는지 찾아보고, 지도 만드는 순서를 아래에 요약해 보세요.

김정호 박물관

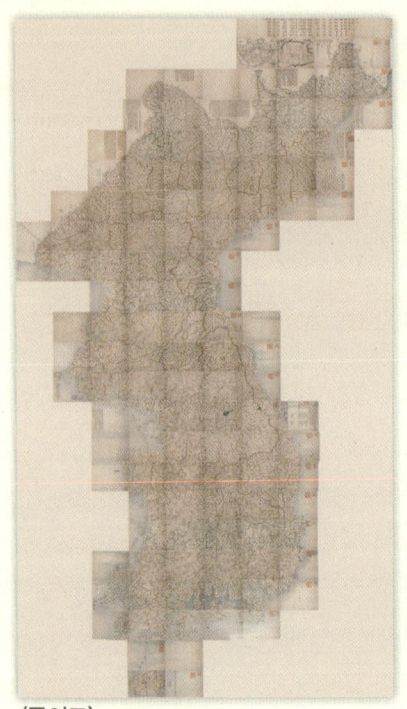

〈동여도〉

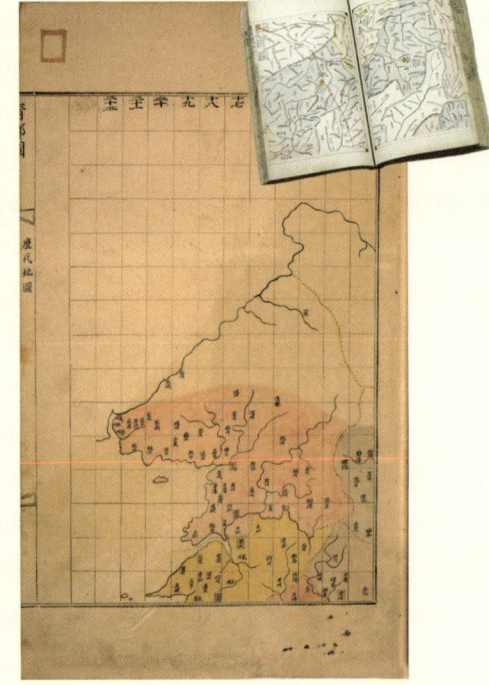

〈청구도〉 부분

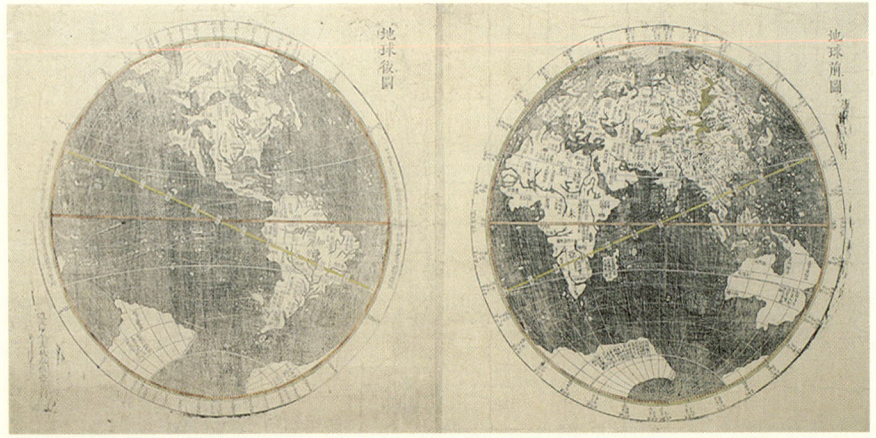

〈지구전후도〉

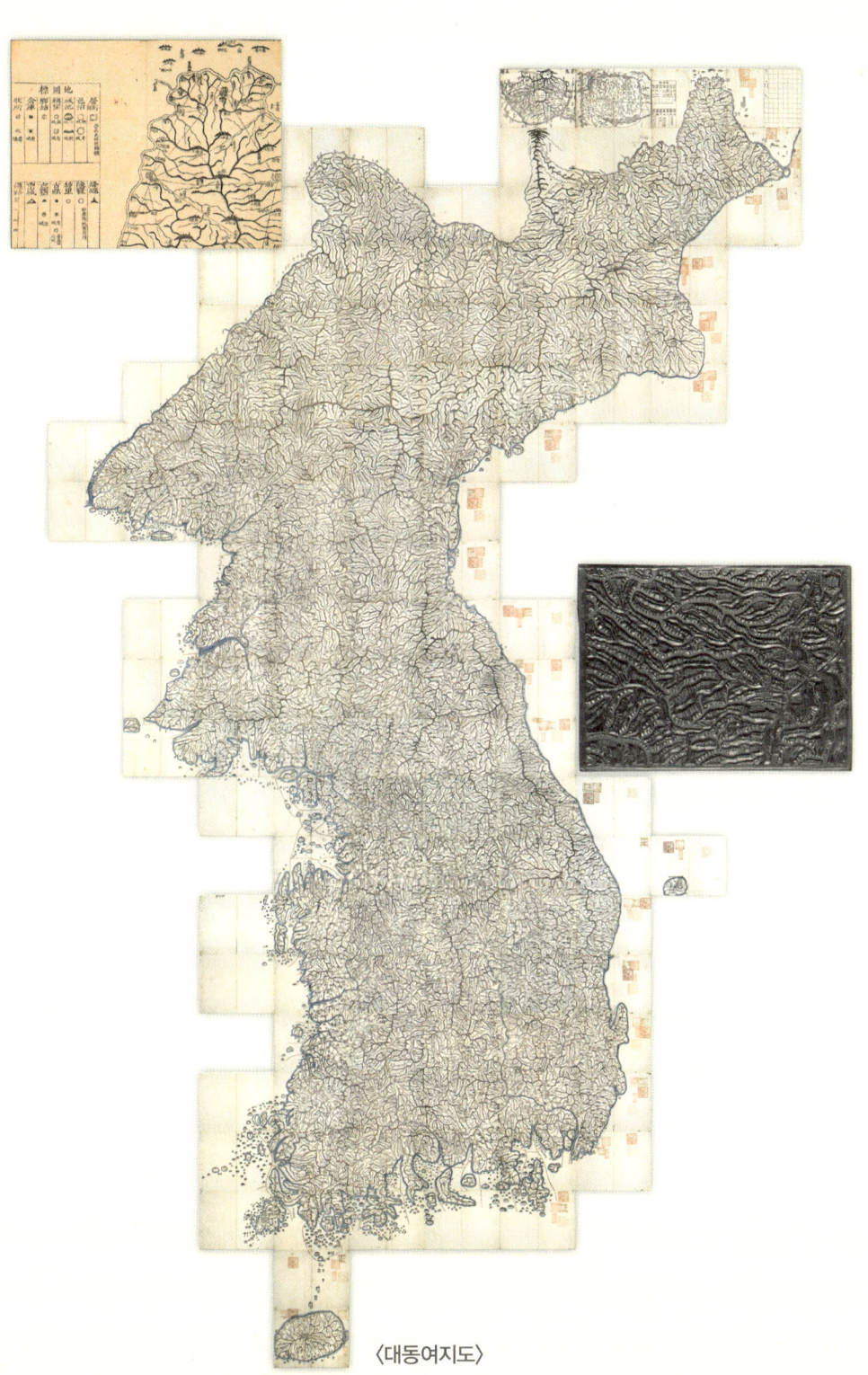

〈대동여지도〉

역사 **인물**과 함께하는 **창의적** 체험활동 ③
김정호와 함께 지도 그리기

글 | 황시원
그림 | 임성훈

1판 1쇄 인쇄 | 2017년 4월 20일
1판 1쇄 발행 | 2017년 4월 25일

펴낸이 | 김영곤
이사 | 이유남
에듀콘텐츠사업본부장 | 신정숙
기획개발 | 김경애
아동마케팅 | 김창훈 오하나 임우섭 김은지 백윤진   **디자인** | 주인공
이미지 제공 | 게티이미지 : 2쪽, 26쪽, 31쪽, 44쪽, 76쪽
셔터스톡 : 80쪽
국립민속박물관 : 12쪽, 47쪽
국립중앙도서관 : 23쪽, 24쪽
국립중앙박물관 : 표지, 21쪽, 66쪽, 85쪽, 88쪽, 103쪽
국토지리정보원 : 13쪽, 45쪽, 100쪽
문화재청 : 표지, 4쪽, 22쪽, 51쪽, 55쪽, 65쪽, 74쪽, 78쪽, 102쪽
연합뉴스 : 표지, 7쪽, 73쪽
위키미디어 : 표지, 28쪽ⓒMatteo Ricci, 36쪽, 40쪽ⓒDaderot, 62쪽, 86쪽, 103쪽
e-뮤지엄 : 14쪽, 38쪽, 40쪽, 56쪽, 102쪽
펴낸곳 | (주)북이십일 아울북 **출판등록** | 2000년 5월 6일 제406-2003-061호
주소 | (우 10881) 경기도 파주시 회동길 201(문발동)
전화 | 031-955-2100(대표) 031-955-2178(기획편집) 031-955-2177(팩스)
홈페이지 | www.book21.com

ⓒ 아울북, 2017

ISBN 978-89-509-6894-6   74800

책값은 뒤표지에 있습니다.
이 책 내용의 일부 또는 전부를 재사용하려면 반드시 (주)북이십일의 동의를 얻어야 합니다.
잘못 만들어진 책은 구입하신 서점에서 교환해 드립니다.

- 제조자명 : (주)북이십일
- 주소 및 전화번호 : 경기도 파주시 문발동 회동길 201(문발동) / 031-955-2100
- 제조연월 : 2017년 4월 25일
- 제조국명 : 대한민국
- 사용연령 : 만 4세 이상 어린이 제품